BIBLIOTHÈQUE NATIONALE

COLLECTION DES MEILLEURS AUTEURS ANCIENS ET MODERNES

MILTON

LE PARADIS PERDU

TRADUCTION DE DUPRÉ DE SAINT-MAUR

TOME PREMIER

PARIS
LIBRAIRIE DE LA BIBLIOTHÈQUE NATIONALE
PASSAGE MONTESQUIEU (RUE MONTESQUIEU)

Près le Palais-Royal

—

1894

LE PARADIS PERDU

LIVRE PREMIER

ARGUMENT

Milton propose d'abord en peu de mots le sujet du Poème, la désobéissance de l'homme et sa punition. Il nomme ensuite l'auteur du péché, le Serpent, ou plutôt Satan qui, sous la forme du serpent, séduisit nos premiers pères pour se venger de Dieu, dont la justice redoutable l'avait chassé du ciel, en le précipitant dans l'abîme avec les compagnons de sa révolte. Après avoir passé légèrement sur cette action, le poète entre en matière et présente Satan et ses anges au milieu des enfers, qu'il ne place point au centre du monde, puisque le ciel et la terre n'existaient pas encore, mais dans les ténèbres extérieures, qui sont mieux connues sous le nom de *Chaos*. Ils y paraissent plongés dans l'étang de feu, évanouis et foudroyés. Le prince des ténèbres reprend ses esprits, et revenu à lui-même, il adresse la parole à Béelzébuth, le premier après lui en puissance et en dignité; ils confèrent ensemble sur leur chute malheureuse. Satan réveille ses légions. Elles s'élèvent hors des flammes. On voit leur nombre prodigieux, leur ordre de bataille et leurs principaux chefs, sous les noms des idoles connues par la suite en Chanaan et dans les pays voisins. Le prince des démons les harangue et les console par l'espérance de regagner le ciel. Il leur parle aussi d'un nouveau monde et d'une nouvelle créature qui devaient un jour exister, car plusieurs pères croient que les anges ont été créés longtemps avant ce monde visible : il propose d'examiner en plein conseil le sens d'une prophétie sur la création et de déterminer ce qu'ils peuvent tenter en conséquence. Ses associés y consentent et construisent en un moment *Pandæmonium*, Palais de Satan. Les puissances infernales s'y assemblent pour délibérer.

Je chante la désobéissance du premier homme et les funestes effets du fruit défendu, la perte d'un Paradis et le mal et la mort triomphants sur la terre jusqu'à ce qu'un Dieu-homme vienne juger les nations et nous rétablisse dans le séjour bienheureux.

Divin génie, enfant du Très-Haut, descendez des sommets solitaires d'Horeb et de Sina, où vous inspirâtes le berger qui, le premier, apprit à la race choisie comment le ciel et la terre sortirent du chaos; ou si vous chérissez davantage la montagne de Sion et les claires fontaines de Siloé, qui coulent près des lieux où l'Eternel rendait ses oracles, c'est de là que j'attends votre assistance. Mes chants s'élevant hardiment au-dessus du mont d'Aonie embrasseront des choses qui n'ont point encore été tentées ni en prose ni en vers. O vous surtout, Esprit Saint, qui préférez à tous les temples un cœur droit et pur, instruisez-moi, rien ne vous est inconnu. Dès le commencement vous étiez, et déployant vos puissantes ailes ainsi qu'une colombe qui dispose à la vie ses productions encore inanimées, vous vous étendiez sur le vaste abîme, et vous l'avez rendu fécond. Eclairez mes ténèbres, soutenez ma faible voix. Je veux disculper la Providence et justifier devant les hommes les voies du Seigneur.

Dites-moi d'abord, car le ciel ni le profond abîme de l'enfer ne cachent rien à votre vue; dites-moi quelle cause engagea nos premiers pères à transgresser l'unique loi de leur créateur, au milieu même du torrent de délices où son amour les avait placés? Quel séducteur les entraîna dans cette infâme révolte? Ce fut le serpent infernal, ce fut lui dont la malice, animée par l'envie et par la vengeance, trompa la mère des humains pour l'envelopper dans sa ruine.

Rival ambitieux du trône et de la monarchie suprême, il eut la témérité d'allumer dans le ciel une guerre impie et de livrer bataille au Dieu de la victoire; mais ses efforts furent vains. Du haut de la voûte éthérée, le bras de l'Eternel le précipita dans un gouffre d'horreur, de misère et de perdition, pour y gémir, accablé de chaînes, au milieu des douleurs et des flammes. La toute-puissance ne se laisse point braver impunément. Privé de sentiment, il roula pendant neuf jours au gré des vagues de feu avec son abominable armée. Comment tant de maux ne l'ont-ils point anéanti?

La fureur céleste lui conserva l'immortalité pour prix de ses forfaits. Il revient à lui et l'horreur le saisit. Le passé l'afflige, l'avenir le désespère. Il promène partout ses yeux étincelants. On lit dans son funeste regard la tristesse, la confusion, l'orgueil et la haine. Sa vue perçante, telle que les anges la possèdent, embrasse tout d'un coup ce lieu maudit, affreux, épouvantable. Les flammes en font une fournaise, mais elles n'y produisent aucune lumière. Elles répandent seulement une obscure lueur, qui ne sert qu'à découvrir un abîme de misère, des régions de tristesse, des ombres lugubres, lieux que la paix et le repos n'habiteront jamais. L'espérance ne s'y trouve point, elle qui se trouve partout.

Tels étaient les antres que la justice divine avait creusés pour ces rebelles. Renfermés dans d'épaisses ténèbres, ils se voient trois fois plus éloignés du trône de Dieu et du séjour de la lumière, que l'on ne mesure de distance depuis le centre du monde jusqu'aux astres les plus élevés. Que cette demeure est différente des royaumes qu'ils ont perdus. Le prince des démons discerne les compagnons de sa chute ensevelis dans un fleuve et dans un tourbillon de flammes dévorantes. Il reconnaît ce concurrent superbe, le premier après lui en puissance comme en crime, celui que, dans les temps suivants, les Philistins appelèrent Béelzebuth. A cette vue, Satan, l'implacable ennemi de Dieu, rompit le silence.

Es-tu ce chérubin qui protégeait les autres à l'ombre de ses ailes? Es-tu cet ange dont l'éclat éblouissait les cieux? Mais que tu lui ressembles peu. Naguère, une ligue mutuelle, une union de pensées et de desseins, la même espérance et les mêmes périls t'ont joint avec moi dans une entreprise glorieuse. Hélas! la misère nous unit aujourd'hui. Tu vois dans quel abîme et de quelle hauteur nous sommes tombés. La foudre a rompu nos légions. Cruelles armes, dont la force nous était inconnue! Cependant, nos malheurs présents et toutes les peines que le vainqueur peut encore nous imposer dans sa colère n'arracheront de moi aucun repentir : rien ne me peut changer. Si mon éclat extérieur est effacé, mon courage et mon esprit demeurent inébranlables. J'ai toujours ce même cœur, qui n'a pas craint pour ennemi le Tout-Puissant. Une foule innombrable d'anges, indignés de sa tyrannie, est encore engagée dans ma querelle. Ils ont brisé son joug : ils m'ont mis à leur tête. Notre puissance a tenu contre la sienne ; et, par un combat douteux dans les plaines du ciel, nous avons ébranlé son trône. Eh quoi! pour avoir perdu le champ de bataille, tout est-il perdu? Une volonté inflexible nous reste encore, un désir ardent de vengeance, une haine immortelle et un courage indomptable. Sommes-nous donc vaincus? Non, malgré sa colère, malgré toute sa puissance, il n'aura point la gloire de m'avoir forcé à fléchir un genou suppliant pour lui demander grâce. Je ne reconnaîtrai jamais pour souverain celui dont mon bras a pu faire chanceler l'empire. Ce serait une bassesse, une ignominie, un affront plus sanglant encore que notre défaite. Faut-il qu'un revers nous ôte tout courage? Cherchons notre consolation dans les arrêts du destin. Notre substance est immortelle. Nos armes sont toujours les mêmes. Nos lumières sont augmentées. Nous pouvons donc avec plus d'espoir de succès, par force ou par ruses, faire une guerre éternelle à notre grand ennemi qui maintenant triomphe, et qui, charmé de régner seul, exerce dans le ciel toute sa tyrannie.

Au milieu des tortures, l'ange rebelle s'exprima de la sorte. Il se parait de constance au dehors, mais il était intérieurement tourmenté d'un profond désespoir. Son fier compagnon lui répondit :

Ô Prince, ô chef de Puissances et de Trônes infinis, qui servant sous vos drapeaux, ont, par leurs exploits redoutables, fait trembler l'Eternel et mis à l'épreuve sa haute souveraineté, je vois trop l'état où nous sommes, et je le vois avec horreur. Le malheureux succès du combat nous a fait perdre le Ciel. La gloire dont nous jouissions est entièrement éteinte, et la félicité de notre origine se trouve absorbée dans la misère. Enfin, nous sommes détruits autant que peuvent l'être des Dieux et des Natures célestes. Nous vivons, il est vrai, et notre vainqueur, que je commence à croire tout-puissant puisqu'il a pu nous vaincre, nous a laissé le courage et la force, peut-être afin que nous puissions suffire aux peines que nous prépare sa colère vengeresse. Peut-être nous réserve-t-il comme des esclaves pour

de durs travaux dans le fond des enfers ou
pour de pénibles messages dans les ténèbres
de l'abîme. Que nous sert donc la force, si
nous sommes condamnés à l'esclavage, et la
vie, s'il faut toujours souffrir? Le prince des
démons répartit avec précipitation :

Infortuné chérubin, la force est toujours
utile. soit qu'il faille agir, soit qu'il faille
souffrir; mais rassure-toi. Nous ne saurions
être condamnés à faire le bien. Notre ennemi
ne nous donnera point cette conformité avec
lui. Goûtons donc le plaisir de faire le mal,
et qu'il gémisse lui-même en voyant ses desseins renversés. Mais notre vainqueur a rap-
pelé autour de lui les ministres de ses vengeances et les soldats de ses armées. Les
montagnes de soufre qu'il a lancées sur nous
dans sa fureur étouffent les flammes où nous
sommes tombés. Peut-être ses traits sont-ils
épuisés. Ses foudres, portées sur les ailes des
tempêtes et des éclairs, cessent de mugir
dans la vaste immensité de l'abîme. Saisis-
sons des moments que nous laisse le mépris
de notre ennemi ou sa fureur assouvie. Vois-
tu cette aride plaine, siège de la désolation,
et qui n'est éclairée que par la lueur sombre
que répandent ces flammes lugubres. Tour-
nons-y nos pas, et nous retirant de l'agitation
de cette mer ardente, reposons-nous dans ce
lieu, si nous pouvons y trouver du repos. Ras-
semblons nos puissances; consultons sur les
moyens d'affliger notre ennemi par l'endroit
le plus sensible. Examinons ce qu'il nous
faudra faire pour réparer nos pertes et pour
surmonter cette fâcheuse calamité : voyons
enfin quelle consolation nous tirerons de l'espérance, ou du moins quelle résolution nous
inspirera le désespoir.

Ainsi parla Satan, la tête élevée au-dessus
des flots, les yeux étincelants de feu. Le reste

du corps flottant sur le fleuve couvrait plusieurs stades. Moins énormes en grosseur furent ceux dont la fable vante la taille monstrueuse, les Titans, enfants du Ciel ou de la Terre, qui firent la guerre à Jupiter; Briarée ou Tiphon, qui habitait la caverne voisine de l'ancienne Tarse; ou Léviathan, la plus grande des créatures qui nage dans l'Océan : souvent sur la mer de Norvège, pendant que les ténèbres investissent les eaux et retardent le jour désiré, le pilote de quelque petit bâtiment égaré dans la nuit, la trouvant endormie, la prend pour une île, jette l'ancre dans ses côtes chargées d'écailles et s'amarre contre elle, à l'abri du vent. Tel le prince des démons, couché sur le lac brûlant, présentait la vaste surface de ses membres chargés de chaînes. Dieu lui rendit une funeste liberté. Ses crimes réitérés devaient consommer sa ruine. Il cherche à faire des malheureux; mais quel désespoir pour lui de voir un jour éclater envers l'homme, séduit par ses artifices, la grâce, la miséricorde et la bonté infinies? Sa malice infernale ne servira qu'à répandre sur lui-même un trésor de confusion, de colère et de vengeance.

Satan s'éleva sur le lac. Le mouvement qu'il fit laissa entre les flammes une horrible vallée. Il déploya ses ailes et prit son vol en haut, se balançant sur l'air ténébreux qu'il comprimait de son poids immense. Enfin il s'abattit sur la terre ferme, si l'on peut appeler terre ce qui brûlait toujours d'un feu solide, comme le lac brûlait d'un feu liquide; terre semblable pour la couleur à celle qu'on voit après qu'une montagne a été arrachée de Pélore par la force des vents souterrains ou lorsque les flancs de l'Etna mugissant se sont entr'ouvert, ses entrailles sulfureuses

enflammées par le choc des minéraux, s'élèvent, appellent les tempêtes et laissent un
fond brûlé, tout couvert de bitume et de fumée. Tel fut le terrain sur lequel se portèrent les pieds du réprouvé. Béelzebuth l'accompagne ; les voilà sortis du fleuve stygien :
ils se croient des dieux, et tous deux ils se
glorifient comme s'ils s'étaient sauvés par la
force de leurs bras.

Est-ce là la région, le terrain, le climat, dit
l'anathème archange ? Est-ce là le séjour
qu'on nous destine, et cette obscurité lugubre doit-elle nous tenir lieu de la lumière
céleste ? Il le faut, puisque la volonté d'un
seul est la règle de tout. Je m'éloigne volon-
tiers d'un objet odieux. La nature l'a fait notre égal et la force notre souverain. Adieu,
champs heureux où la joie règne pour toujours. J'embrasse les horreurs du monde infernal ; et toi, profondeur de l'enfer, reçois
ton nouveau monarque. Il t'apporte un esprit que ni le temps ni les lieux ne changeront jamais. L'esprit n'a d'autre lieu que soi-
même, et dans soi peut faire d'un enfer un
ciel et d'un ciel un enfer. Qu'importe en quels
lieux je réside, si je suis toujours le même,
et si je me trouve encore en état de poursuivre la guerre contre le maître de la foudre.
Ici, du moins, nous resterons libres. L'envie
du Tout-Puissant ne nous disputera point ce
séjour malheureux. Ici nous pourrons exer-
cer notre empire. Régnons dans les Enfers,
nous servions dans le Ciel. Mais pourquoi
laisser au fond du lac d'oubli les fidèles amis
qui ont bu dans la même coupe que nous ?
Pourquoi ne les appelons-nous pas pour partager cette triste demeure ou plutôt pour
essayer une seconde fois, en ralliant nos forces, si nous avons quelque chose à regagner
dans le ciel ou à perdre encore dans les enfers ?

Béelzébuth lui répondit : Conducteur de ces brillantes légions que le Tout-Puissant seul pouvait ne pas trouver invincibles, il n'est pas étonnant que tes soldats, tombés d'une hauteur si prodigieuse, soient languissants, abattus, sur l'étang de feu ; mais fais-leur seulement entendre cette voix, le plus ferme appui de leur espérance dans la crainte et dans les dangers ; cette voix, leur signal dans les assauts, leur soutien dans les plus fâcheuses extrémités, quand elle tonnait dans la chaleur d'un combat terrible, et bientôt tu verras leur courage se ranimer.

A peine acheva-t-il, que le Prince des Ténèbres s'avança vers le brûlant rivage. Son bouclier, d'une trempe céleste, pesant, massif, vaste en sa circonférence, pendait sur ses épaules, Telle paraît la lune quand, sur le soir, du haut de Fésole ou dans Valdarno, l'Artiste tos en observe l'orbe, à travers le télescope, pour découvrir dans les taches de son globe des fleuves, des montagnes ou quelque terre nouvelle. Le plus haut pin coupé sur les monts de Norvège pour être le mât de quelque grand amiral, eût paru un faible roseau en comparaison de la lance qui servait à soutenir sur les brasiers ardents sa démarche pénible et bien différente de ce qu'elle était autrefois sur l'azur céleste. Une zone torride et une voûte de feu lui faisaient endurer les maux les plus cuisants, mais ne lui ôtaient rien de sa fierté.

Arrivé au bord de cette mer enflammée, il s'arrête, il appelle ses légions immobiles, et couchées comme les feuilles d'automne qui couvrent les ruisseaux de Vallombreuse, où les forêts de l'Etrurie répandent l'ombre et l'horreur. Tels encore flottent les joncs épars, quand l'Orion soulevant les vents furieux, bat les côtes de la mer Rouge, dont les ondes engloutirent Busiris, et la cavalerie de Memphis, lorsqu'animés d'une haine perfide, ils poursuivaient les passagers de Gosen, qui virent heureusement de l'autre bord leurs cadavres flottants et les roues de leurs chariots brisées. Telles ces substances angéliques, maintenant troupes viles et méprisables, plongées dans la consternation, couvraient les flots.

Il appela : les antres creux de l'enfer retentirent : Princes, potentats, guerriers, autrefois l'ornement, aujourd'hui l'horreur des cieux, un tel étonnement peut-il saisir des esprits éternels? Vous croyez-vous encore dans les vallées de l'Olympe, pour vous délasser dans un doux sommeil des rudes travaux de la bataille; ou bien dans cette posture abjecte avez-vous juré d'adorer le vainqueur, qui maintenant voit les Chérubins et les Séraphins se roulant dans les flots avec leurs armes et leurs enseignes éparses? Attendez-vous que ses ministres ailés, découvrant des portes du ciel leur avantage, descendent pour vous écraser dans votre assoupissement, ou que de leurs foudres ils vous percent au fond de ce gouffre? Ouvrez les yeux; levez-vous, ou restez perdus pour jamais?

Ils entendirent, et saisis de honte ils battirent des ailes. Tels des guerriers que le sommeil a surpris, tressaillent au son d'une voix qu'ils respectent, et se rangent précipitamment a leur devoir. Ils s'aperçurent du malheureux état où ils étaient, et ils sentirent l'excès de leurs peines. Cependant, à l'appel de leur général, ils obéirent sur-le-champ. Ainsi quand la verge du fils d'Amram, puissante en merveilles, au jour funeste pour l'Egypte, eut décrit un cercle par les airs, on vit arriver sur les ailes du vent d'Orient un nuage épais de sauterelles qui se répandirent comme la nuit sur le royaume de l'impie Pharaon, et qui affligèrent toute la terre du Nil. Telle parut la troupe innombrable de ces mauvais anges planant sous la voûte infernale entre les feux qui les environnaient de toutes parts, jusqu'à ce que d'un mouvement de sa lance, leur grand potentat eut marqué la route qu'ils devaient tenir. A ce signal, ils descendirent sur leurs terres de soufre brûlant, et couvrirent la plaine d'une multitude telle que le Nord, surchargé de peuple, n'en fit jamais sortir de ses flancs glacés, quands ses enfants barbares, après avoir passé le Rhin ou le Danube, fondirent comme un déluge vers le Midi, et s'étendirent jusqu'aux sables de Libye.

Les chefs des diverses légions se rendirent en hâte auprès de leur grand général : semblables à des dieux ; la taille et la figure au-dessus de l'humaine ; princes majestueux ; puissances autrefois placées sur des trônes, mais à présent leurs noms sont effacés dans les cieux. Ils ont été retranchés du Livre de vie. Ceux qu'ils ont ici-bas leur furent donnés dans la suite des temps par les enfants d'Eve. Ils les obtinrent d'eux, quand errants sur la terre pour tourmenter l'homme, suivant la permission du Très-Haut, ils eurent porté, par leurs faussetés et par leurs mensonges, la plus grande partie du genre humain corrompu à abandonner le Créateur. Alors les hommes négligeant la gloire invisible du Dieu qui les a faits, le transformèrent souvent par une folle superstition en l'image d'une bête ornée d'or et de diamants. Ainsi les démons furent adorés comme des dieux ; ainsi ils furent connus sous différents noms, et par les diverses idoles que leur dédia le monde païen.

Muse, dis-moi leurs noms alors connus,
Dans quel ordre sur cette mer embrasée se
réveillèrent-ils de leur léthargie. A la voix
de leur grand empereur, suivant l'ordre de
leurs dignités, ils se rendirent l'un après
l'autre autour de lui sur l'aride rivage, tandis qu'une foule confuse était encore dans
l'éloignement. Les plus distingués furent
ceux qui, sortant des enfers pour chercher
leur proie sur la terre, eurent l'audace dans
la suite des temps de fixer leurs sièges à
côté de celui de Dieu, leurs autels près de
ses autels : Dieux adorés parmi les Chana-
néens, ils bravèrent Jehovah tonnant du haut
de son trône fixé dans la sainte ville de Sion
au milieu des Chérubins; souvent même
jusque dans son sanctuaire ils placèrent
leurs idoles : horribles abominations! et pro-
fanant par un culte détestable ses saintes
cérémonies et ses fêtes solennelles, ils osè-
rent opposer les ténèbres de l'erreur à la
lumière de la vérité.

Le premier est Moloch, horrible roi, souillé
du sang des victimes humaines et des larmes paternelles, quoique le bruit des tam-
bours et des timbales étouffe les cris des
enfants livrés au feu en l'honneur de son
exécrable idole. L'Ammonite l'adorait en Rab-
bath, et dans sa plaine aquatique en Argob
et Basan, jusqu'aux rives de l'Arnon; mais
il ne se contenta pas de ce territoire. A la
faveur de la proximité, il engagea Salomon,
le plus sage des hommes, à bâtir son temple
vis-à-vis du temple de Dieu sur la montagne
d'opprobre, et s'établit dans un bocage de
l'agréable vallée d'Hinnon, appelée de là To-
phet, et la noire géhenne, figure de l'enfer.

Après vient Chamos, l'obscène frayeur des
enfants de Moab, depuis Aroer jusqu'à Nébo,
tirant au désert méridional d'Abarim en Hé-

sébon, et Heronaïm, royaume de Seon, au
delà des vallons fleuris de Sibma, fertile en
vins, et dans Eléalé jusqu'au lac Asphaltite.
Pœor était son autre nom, quand Israël, s'é-
loignant des bords du Nil, lui rendit en Sit-
tim un culte impudique qui fut pour ce peuple
une source de maux. Il étendit encore ses
orgies lascives vers la montagne du scandale, au long du bocage de l'homicide Moloch, par où la débauche s'unit à la haine,
jusqu'au temps où le pieux Josias renversa
leurs autels.

Avec eux vinrent ces esprits connus depuis
le rivage qui borde l'ancien Euphrate, jusqu'au ruisseau qui sépare l'Egypte des terres
de Syrie, Baalim et Astaroth ; ceux-là mâles,
ceux-ci femelles ; car des deux sexes les esprits peuvent prendre celui qui leur plaît, ou
tous les deux, tant leur essence est souple
et déliée. Ils ne sont point asservis à des
membres enchaînés par des cartilages, ni
fondés sur le frêle appui des os, comme la
chair qui nous appesantit ; mais dans la
taille qu'ils choisissent, dilatés ou condensés,
brillants ou obscurs, ils exécutent leurs
promptes volontés, et satisfont également
leur amour ou leur haine. Pour eux les enfants d'Israël abandonnèrent souvent leur
Créateur, et renonçant à ses saints autels,
profanèrent devant de vils animaux l'encens
qui n'était dû qu'à la divinité. L'Eternel à
son tour oublia son peuple, aussitôt il tomba
sous le glaive de l'ennemi.

On vit s'avancer en grand cortège Astaroth, que les Phéniciens appellent Astarte,
reine du ciel, avec des cornes en croissant.
A la clarté de la lune, les filles de Sidon
offraient leurs hymnes et leurs cantiques en
l'honneur de son image brillante. Elle fut
aussi révérée dans Sion, où sur le mont d'I-

niquité son temple fut bâti par un roi, renommé pour les dons qu'il avait reçus du ciel. L'amour toucha son cœur : il suivit les conseils des femmes, et séduit par de belles idolâtres, il s'avilit devant les infâmes objets de leur culte.

Tammuz vint ensuite ; Tammuz, dont la blessure qui se renouvelle une fois tous les ans, attire chaque année sur le Liban les filles de Syrie, pour y plaindre pendant un jour entier sa triste destinée, tandis qu'Adonis, de son roc natal, coule doucement vers la mer teinte, à ce qu'elles supposent, du sang de Thammuz. Leur exemple criminel infesta les filles de Sion, dont Ézéchiel observa dans le Parvis sacré les égarements impurs, quand ses yeux ravis en extase parcoururent les noires prévarications de l'idolâtre Juda.

Après marchait celui qui répandit des larmes véritables, quand l'Arche captive mutila son image brute, et lui brisa la tête et les mains au milieu de son propre Temple, où sur le seuil de la porte, il tomba contre terre, et rendit ses adorateurs confus. Dagon était son nom, monstre marin, homme depuis la ceinture en haut et poisson par le reste du corps : cependant il avait un temple exhaussé dans Azot, et redouté par toute la Palestine, en Get, en Ascalon et dans les confins d'Accaron et de Gaza.

Il était suivi de Rimmon qui fit son lieu de délices de la riante ville de Damas, sur les bords fertiles des clairs ruisseaux d'Abana et de Pharphar. Il entreprit aussi contre la maison de Dieu, et s'il fût abandonné par un sujet miraculeusement guéri de sa lèpre, il se consola par le culte que lui rendit un monarque insensé, Achaz, son propre conquérant, qui défigura l'autel du Seigneur pour

en bâtir un semblable à celui des Syriens,
afin d'y brûler ses victimes odieuses en l'honneur des Dieux qu'il avait vaincus.

Ensuite parut une multitude autrefois renommée, Osiris, Isis, Orus et toute leur suite.
Sous des figures monstrueuses ils abusèrent
par leurs prestiges l'Egypte entière, et ses
prêtres assez fanatiques pour chercher leurs
Dieux vagabonds parmi des animaux stupi-
des. Israël n'en évita point l'infection, quand
l'or emprunté composa le veau dans Horeb :
prévarication qu'un roi rebelle doubla dans
Bethel et Dan, confondant avec le bœuf qui
pâture, son créateur, Jehovah, qui dans une
nuit passant à travers l'Egypte, extermina
d'un seul coup ses premiers nés, et ses Dieux
mugissants.

Le dernier qui se présenta fut Bélial : nul
esprit plus impur ne tomba du Ciel, et nul
plus grossièrement adonné au vice pour
l'amour du vice. Il n'avait point de temple
ni d'autels fumant en son honneur; cependant quel autre assiste plus souvent dans
les temples et devant les autels, quand le
prêtre tombe dans l'oubli de Dieu, comme
firent les fils d'Eli, qui remplirent la maison
du Seigneur de leurs excès et de leurs violences. Il règne aussi dans les cours, dans
les palais et dans les villes scélérates, où le
bruit des débauches, et l'injure et l'outrage
s'élèvent pardessus les tours les plus superbes; et quand la nuit obscurcit le ciel, alors
rôdent les fils de Bélial, bouffis d'arrogance
et de vin, témoins les rues de Sodome et de
Gabaa, quand le respect dû à l'hospitalité
exposa une compagne chérie, pour éviter un
rapt plus odieux.

Ceux-là furent les premiers en ordre et en
puissance. Je ne finirais point si je voulais
nommer tous ceux qui parurent. Les dieux

d'Ionie à qui la postérité de Javan décerna des autels, mais longtemps après qu'ils eurent déifié Cœlus et la Terre, pères célèbres d'un peuple de divinités : Titan le premier né du Ciel, Titan, avec sa race énorme, privé du droit d'aînesse par Saturne, son frère puîné. Ce dernier fut, à son tour, chassé par son propre fils, le puissant Jupiter, qu'il avait eu de Rhea son épouse. Ainsi régna l'usurpateur Jupiter. Ceux-ci furent d'abord connus en Crète et sur l'Ida ; de là passant sur le sommet glacé de l'Olympe, ils régnèrent dans la moyenne région de l'air, leur plus haut ciel, ou sur le mont Delphique ou en Dodone et dans toute l'étendue de la Doride. Je pourrais aussi parler de celui qui, fuyant avec le vieux Saturne, passa le golfe Adriatique aux champs Hespériens, et qui traversant la Celtique, aborda aux îles les plus éloignées.

A leur suite une troupe nombreuse marchait sans ordre ; à travers leurs regards mornes et languissants, on démêlait un rayon de la joie qu'ils ressentaient dans le sein même de la perdition, en observant que leur chef ne s'abandonnait point au désespoir Satan pénétra leurs sentiments ; cette vue radoucit un peu les traits de son visage, mais bientôt reprenant sa fierté naturelle, par des discours spécieux et pleins d'orgueil, il releva leur courage. Il commanda qu'au bruit martial des trompettes et des clairons, on arborât son puissant étendard. Azazel avant sa chute exerçait dans le Ciel cette fonction éclatante. Il déploya l'enseigne impériale. Flottante au gré du vent, elle brilla comme un météore, et sa broderie de perles et d'or offrit aux yeux éblouis les titres de leur grandeur.

Cependant la bruyante trompette sonna l'alarme : l'armée y répondit par un cri qui perça les concavités de l'enfer. La frayeur passa jusque dans les royaumes du Chaos et de la Nuit; aussitôt dix mille bannières à travers l'obscurité réfléchirent dans les airs les couleurs de l'aurore. La terre se couvrit d'une forêt hérissée de lances, les casques étincelèrent, et des boucliers sans nombre jetèrent d'épouvantables éclairs. La phalange infernale se met en marche, les flûtes, les fifres et les hautbois se conforment au mode Dorique. Ce mode porta jadis au plus haut degré le courage des héros armés pour le combat. Il inspirait non la fureur mais une valeur réglée, et rendait les cœurs inaccessibles aux terreurs de la mort. Ses tons vifs et majestueux avaient la vertu de calmer le trouble des pensées, et de chasser des esprits mortels et immortels la tristesse, la crainte, le chagrin et les alarmes. Pleins de résolution, serrés l'un contre l'autre, ils marchaient en silence au son des instruments qui charmaient leurs pas douloureux sur la terre embrasée. Tels les anciens guerriers couverts d'armes éblouissantes allaient chercher la gloire au milieu des combats.

Après avoir formé leurs rangs, et leur front d'une étendue épouvantable, ils attendirent l'ordre du général. Au travers des files guerrières, il darde ses yeux pénétrants; il parcourt de la vue les divers rangs, il observe leur disposition, leur contenance, et leurs statures semblables à celles des Dieux. Enfin il fait le dénombrement de ses forces. Alors, son cœur enflé d'orgueil, et s'endurcissant de plus en plus, se glorifie de sa puissance. Toutes les troupes qu'on pourrait rassembler sur la terre, comparées à cette armée, seraient plus méprisables que la petite infanterie qui se réunit contre les Grues, quand même on mettrait ensemble tous les géants de Phlegra et les héros, assistés des dieux auxiliaires, qui combattirent des deux côtés devant Thèbes et Pergame; et quand on y joindrait les chevaliers bretons et armoriques qui entourèrent le fils d'Uther, suivant le rapport du roman fabuleux, et tous ceux tant chrétiens qu'infidèles qui signalèrent leurs armes dans Aspremont et Montauban, à Damas, à Maroc, Trébisonde, ou ceux encore que Biserte envoya de la côte d'Afrique, quand Charlemagne vit tomber tous ses pairs près de Fontarabie; ainsi ces guerriers l'emportaient de beaucoup au-dessus des forces mortelles : ils déféraient néanmoins à leur grand commandant, dont la taille et le maintien se faisaient admirer. Sa forme n'avait pas encore perdu tout le brillant de son origine, et représentait noblement un archange, dont le mal avait un peu obscurci la gloire auparavant excessive. Tel, au point du jour, le soleil se montre à travers le brouillard, ou dans une sombre éclipse, quand offusqué par la lune, il répand un jour formidable sur la moitié des nations, et laisse aux monarques alarmés quelque révolution à craindre. Tel l'archange obscurci brille encore pardessus les autres. Son visage est sillonné de cicatrices profondes, que la foudre y a gravées : l'inquiétude se découvre sur ses joues flétries; mais son front, plein d'audace et d'orgueil annonce la vengeance. Son œil, tout cruel qu'il est, donne pourtant des marques de remords et de compassion, en voyant ces anges qui l'avaient égalé, ou plutôt suivi dans le crime, ces anges, autrefois si distingués dans la béatitude, aujourd'hui si humiliés dans la misère. Il envisage avec regret des millions d'esprits que sa faute a privés du ciel et que sa révolte a chassés des splendeurs éternelles, mais qui demeurent toujours fidèles à ses ordres, quoique leur éclat soit presque entièrement effacé. Ainsi l'on voit les chênes des forêts et les pins des montagnes frappés du feu du Ciel, soutenir encore sur la bruyère aride leurs troncs immenses, quoiqu'à demi consumés.

Il fit signe qu'il allait parler. Leurs rangs doublés se replièrent sur les ailes, et les grands de sa cour l'environnèrent. Tous gardèrent un silence respectueux : trois fois il essaya de se faire entendre, et trois fois, en dépit de sa fierté, les larmes, telles que les anges en répandent, coulèrent de ses yeux : à la fin, les paroles entrecoupées de soupirs se firent ainsi passage.

Légions d'esprits immortels, Divinités, à qui le Tout-Puissant seul peut s'égaler, votre combat n'a point été ignominieux, quoique l'événement en ait été fatal. Ces ruines, que je ne puis regarder sans horreur, le témoignent assez; mais l'esprit le plus pénétrant, le plus versé dans la connaissance du présent ou du passé, aurait-il jamais prévu que des Dieux, tels que nous, ligués ensemble, dussent être repoussés? Et malgré l'état où nous sommes, puis-je m'imaginer encore que ces légions, dont l'exil a dépeuplé le Ciel, ne se relèveront pas pour rentrer un jour dans leur demeure natale? Armée céleste, vous me devez au moins ce témoignage, qu'aucune diversité de sentiments ou d'intérêts, aucune faiblesse dans le cœur, aucune crainte du péril, n'ont de ma part renversé nos espérances; mais le Monarque suprême nous cachait sa force; assis sur un trône qui n'était soutenu en apparence que par l'ancienne opinion, le consentement ou l'usage, il nous découvrait seulement l'éclat de sa grandeur. Voilà la cause de notre attentat, et la source de notre ruine. Nous la connaissons aujourd'hui cette puissance : ce n'est donc plus à nous de commencer la guerre ; mais devons-nous la craindre ? Nous pouvons tenter par artifice, ce que nous n'avons pu exécuter par la force. Il apprendra qu'un ennemi n'est vaincu qu'à demi, quand il n'a fait que céder à la force. Le temps produit des nouveautés, et le bruit courait dans le ciel que ce Dieu était sur le point de créer une terre, et d'y placer une génération que sa bonté ne devait guère moins favoriser que ses enfants célestes. Ce monde, quand nous n'irions que pour le reconnaître, sera peut-être l'objet de la première sortie que nous ferons. Les esprits de l'Empyrée ne sont pas destinés à rester dans les prisons de ce gouffre infernal, et l'abîme ne les ensevelira pas pour jamais en son obscurité ; mais ces pensées doivent être examinées dans un plein Conseil.

Il dit, et des millions de chérubins tirant leurs épées flamboyantes, les agitèrent en signe d'applaudissement ; l'éclat en rejaillit jusqu'aux voûtes de l'enfer. Ils blasphèmèrent le saint nom de Dieu ; et faisant retentir un bruit de guerre sur leurs boucliers qu'ils choquaient fièrement de leurs armes, ils envoyèrent au ciel un cartel de défi.

Non loin de là était un mont, dont le sommet affreux vomissait des tourbillons de flamme et de fumée ; le reste reluisait d'une croûte jaunâtre, signe indubitable de l'or, enfant du soufre, qu'enfermaient ses entrailles. Un détachement considérable des brigades ailées s'y rendit en diligence. Ainsi l'on voit les pionniers armés de pics et de bêches devancer une armée royale pour creuser des tranchées, ou pour élever un rempart. Mammone les conduisait, Mammone l'esprit le plus rampant de tous ceux qui tombèrent du

céleste lambris ; car même dans les palais du
Tout-Puissant, ses regards et ses pensées
étaient toujours tournés en bas, et la richesse
des cieux pavés d'or massif, le touchait plus
que tout ce que la présence de l'Eternel peut
avoir de saint et de divin. C'est lui qui le
premier apprit aux hommes à piller le centre
de la terre, et à déchirer d'une main impie
les entrailles de leur mère, pour y chercher
des trésors que la nature avait sagement cachés. Ses travailleurs firent bientôt dans le
mont une vaste ouverture, et en retirèrent
de gros lingots d'or. Que l'on ne s'étonne
point de voir des richesses renfermées
dans le sein des enfers ; cette région mérite
mieux qu'aucune autre d'être infectée de ce
précieux poison. O vous qui vous glorifiez
dans les choses périssables, et qui parlez
avec admiration de Babel, et des ouvrages
des rois de Memphis, mortels, apprenez ici
combien les plus superbes monuments de
votre gloire, et la force et l'art sont aisément surpassés par les esprits réprouvés,
qui font dans un instant ce qu'en un siècle,
avec des travaux infinis et des mains innombrables, vos aïeux ont à peine achevé.

Une seconde troupe d'esprits travaillait aux
creusets préparés dans la plaine voisine,
sous laquelle un feu liquide sortait du lac à
gros bouillons ; elle raffinait l'or avec un art
merveilleux, et le purifiait jusqu'au dernier
degré.

D'autres formaient en terre des moules ar-
tistement façonnés, dans lesquels au sortir
des creusets la matière liquide coulait d'une
façon surprenante. Ainsi dans l'orgue le
vent d'un coup de soufflet se distribue par le
sommier aux différents tuyaux. Bientôt, au
son d'une symphonie mélodieuse de voix et
d'instruments s'éleva hors de terre, comme

une fumée, un immense édifice en forme de
temple. Il était porté sur des colonnes et sur
des pilastres d'ordre dorique. L'architrave superbe soutenait une frise chargée d'un admirable bas-relief, et surmontée d'un riche toit
d'or ciselé. Jamais Babylone ni Memphis ne
portèrent si loin la magnificence de leurs
chef-d'œuvres, soit dans les palais de leurs
rois, soit dans les temples de leurs dieux
Belus et Serapis, quand l'Egypte et la Syrie
se disputaient à l'envi de luxe et de richesses.

Tout à coup les portes d'airain s'ouvrirent,
le vaste intérieur du manoir infernal parut
dans tout son éclat. Une rare mosaïque s'of-
frait sous les pieds. De la voûte pendaient,
par un puissant enchantement, plusieurs
lampes lumineuses, avec des fanaux brillants
entretenus de naphte et d'asphalte, qui ré-
pandaient une lumière pareille à celle des
cieux. La multitude, pleine d'empressement
et d'admiration s'y jeta en foule. Les uns
louaient l'ouvrage, et les autres l'architecte.
Sa main s'était signalée dans le ciel par la
construction de plusieurs tours admirables.
Elles servaient de palais aux anges que le
Roi suprême avait exaltés au rang de princes, pour gouverner chacun selon l'ordre admirable de la céleste hiérarchie. Le nom de
l'architecte ne fut pas inconnu et sans honneur dans l'ancienne Grèce. Les peuples d'Au-
sonie l'appelèrent Mulciber, et ils racontent
l'occasion pour laquelle Jupiter en courroux
le fit voler par-dessus les célestes remparts.
L'infortuné, disent-ils, roula du matin jusqu'au soir pendant un jour entier d'été; et
semblable à une étoile qui se détache du firmament à l'heure que le soleil se couche, il
tomba dans Lemnos, île de l'Egée, mais leur
tradition est fausse. Il tomba longtemps au-

paravant, avec sa troupe rebelle. Les tours qu'il avait bâties dans le ciel, et toutes ses machines lui furent inutiles. Il se trouva précipité avec ses entrepreneurs pour aller bâtir dans les enfers.

Les héros ailés, en grand et terrible appareil, par ordre du général, proclamèrent dans l'armée au son des trompettes la tenue prochaine d'un conseil solennel à Pandœmonie, la grande capitale de Satan et de ses pairs. Les plus dignes, suivant l'ancienneté des rangs, ou suivant la nouvelle promotion, y furent convoqués. Ils y vinrent à l'heure même, escortés d'une cour nombreuse, qui marchait par centaines et par milliers. Bientôt les avenues des portes et le vestibule furent occupés. Ils remplirent la vaste étendue du lieu destiné à tenir le conseil; ce lieu ressemblait à une plaine couverte de peuple, où les champions montés sur de fiers coursiers, et armés de toutes pièces, s'avancent, et devant le trône du Soudan, défient les plus braves des chevaliers païens à un combat mortel ou à rompre la lance. On entendit au loin un sifflement produit par le battement des ailes des démons, qui formaient sur la terre et dans l'air un essaim innombrable. C'est ainsi que les abeilles au printemps, quand le Soleil entre dans le Taureau, font sortir par pelotons leurs jeunes colonies. La troupe bourdonnante voltige çà et là parmi les fleurs et la fraîche rosée, ou se promenant sur la planche unie qui sert d'esplanade au-devant de leur citadelle de chaume construite nouvellement, elles s'entretiennent des affaires de leur état. Telle la multitude aérienne fourmillait, et le palais pouvait à peine la contenir; mais au signal donné (tel est leur pouvoir), ceux dont la taille surpassait la hauteur des géants, fils de la terre, se réduisent presque à un point, et s'assemblent, quoique sans nombre, dans un lieu resserré. Cette race de pygmées au-delà du mont de l'Inde, occupe malgré leur petitesse un plus grand volume. Ainsi le berger marchant dans la nuit, à côté d'un bois ou d'une fontaine, voit ou croit voir les fées qui se divertissent entre elles. La lune étonnée s'arrête, et près de la terre se rabaisse en tournoyant avec une lueur pâle. Cependant ces nymphes appliquées à leurs danses et à leurs jeux, charment son oreille par leur musique agréable, et son cœur tressaille tout à la fois de joie et de crainte; de même ces esprits incorporels réduisirent à la plus petite forme leur taille immense, et se trouvèrent à l'aise malgré leur multitude. Mais dans un appartement retiré, les séraphins et les chérubins conservant leur hauteur majestueuse, tinrent un conseil secret. Ils s'assirent sur des sièges d'or au nombre de mille et mille demi dieux. Le sénat fut grand et complet. Enfin après un court silence, et la lecture de la convocation, le conseil commença.

FIN DU PREMIER LIVRE.

LIVRE SECOND

ARGUMENT

Satan agite dans le conseil s'il est à propos de hasarder encore une bataille pour recouvrer le ciel. Quelques-uns en sont d'avis, d'autres s'y opposent. Un troisième parti prévaut. L'on conclut qu'il faut avant tout suivre l'idée de Satan, et éclaircir la prophétie ou la tradition du ciel au sujet d'un monde destiné à une espèce de créatures peu inférieures aux anges, et qui devaient exister à peu près dans ce temps. Leur embarras pour savoir qui ils enverront à la découverte de ce monde Satan se charge tout seul de cette entreprise. Il reçoit des honneurs et des applaudissements. Le conseil finit, les esprits se dispersent, et pour charmer leurs maux s'occupent à différents exercices en attendant le retour de leur grand général. Il arrive aux portes de l'enfer qu'il trouve fermées et gardées par deux monstres affreux. Après quelques éclaircissements, les portes lui sont ouvertes. Satan aperçoit le gouffre entre l'enfer et le ciel. Il traverse l'abîme avec beaucoup de difficulté. Le Chaos qui préside dans cet espace lui désigne sa route vers le monde qu'il cherchait.

Assis sur un trône érigé par le crime, Satan dominait sur les rebelles esprits. L'éclat qui sortait de sa couronne effaçait les plus brillantes productions d'Ormus et de l'Inde, et des riches contrées ou l'Orient somptueux répand d'une main prodigue sur ses rois barbares l'escarboucle et le rubis; cependant son orgueil n'était point encore satisfait; il en voulait à la monarchie suprême; et sans songer aux événements passés, son imagination superbe portée dans un avenir chimérique, lui dicta ces mots:

Trônes, dominations, divinités, la puissance immortelle, toute opprimée qu'elle peut être, ne saurait se renfermer dans les gouffres de l'abîme: ainsi je ne regarde point le ciel comme perdu pour nous. Les vertus célestes se relevant de leur chute, n'en seront que plus glorieuses, et désormais elles n'auront plus à craindre les coups du hasard. Un juste droit et les lois fixes du destin m'ont d'abord fait votre chef. Un choix libre de votre part m'a ensuite confirmé dans ce haut rang, sans parler des obligations que vous avez à ma valeur ou à ma prudence; mais nos malheurs mêmes affermissent encore ce trône. La faveur du divin monarque, et les grâces qu'il partage dans un degré différent à ses élus, excitent naturellement entre eux une secrète jalousie; l'envie ne peut nous diviser. Quel serait son objet? Le plus haut rang nous expose de plus près aux coups de la foudre, et ce sceptre brûlant me condamne à la plus grande mesure de tourments. Où il n'y a point de bien à contester, il ne saurait naître de disputes. Nul ne prétendra la préséance dans les malheurs. Nul n'aura la folle ambition d'augmenter le poids de ses peines. Nous avons donc pour nous l'avantage d'une plus grande union, d'une meilleure foi et d'un accord plus parfait que dans l'armée de l'éternel; et réclamant notre ancien et juste héritage, nous sommes plus sûrs de triompher, que si nous eussions déjà remporté la victoire : mais agirons-nous à force ouverte ou par de sourdes ruses? C'est ce qu'il faut examiner : chacun dira librement son avis.

Il dit, et le premier après lui, Moloch, le sceptre en main, se leva. Moloch le plus violent et le plus furieux des esprits qui combattirent dans les plaines de l'Empyrée. Le désespoir augmentait encore sa férocité naturelle. Il avait l'audace de se soutenir égal au Tout-Puissant, et plutôt que de fléchir, il aimait mieux cesser d'être. Cette ardeur effré-

née lui fit perdre toute crainte. Il ne considéra plus ni Dieu ni l'enfer, ni le sort le plus
affreux; et dans cette disposition il parla de
la sorte :

Armons-nous, déclarons la guerre; pre-
nons le parti d'agir à force ouverte. Je n'em-
ploierai ni ruses, ni stratagèmes : c'est la
ressource des lâches. Tandis que nous con-
certerons des mesures indignes de nous,
faudra-t-il que des millions d'esprits armés,
qui n'attendent que le signal de l'escalade,
restent ici languissants et bannis de leur vé-
ritable patrie? Faudra-t-il qu'ils acceptent
pour leur demeure cette infâme et noire caverne où nous a renfermés le cruel qui règne
par notre lâcheté? Non, servons-nous des
flammes et des furies de l'enfer, pour forcer
tous ensemble un passage vers les montagnes éternelles. Faisons de nos propres tortures des armes contre notre tyran : qu'il
entende le tonnerre infernal affronter le foudre dans ses mains; opposons à ses éclairs
le feu livide qui nous dévore; montrons une
rage égale; jetons l'horreur parmi ses anges,
et qu'il tremble en voyant son trône même
couvert de ce soufre et de ces flammes qu'il a
préparés contre nous. Mais, dira-t-on, la
route est inaccessible, comment aller d'un
plein vol assaillir un ennemi si élevé? Consi-
dérez donc, si le breuvage assoupissant de
ce lac d'oubli ne vous tient point encore en-
gourdis, que de notre propre mouvement
nous montons vers notre siège natal; la des-
cente est contraire à notre nature. Eh! quoi,
quand le fier ennemi poursuivait notre armée rompue à travers l'abîme, ne sentiez-
vous pas quels efforts il nous fallait faire pour
descendre, malgré l'impulsion que nous
avions reçue; il nous est donc facile de nous
relever. On craint l'événement : si nous nous

attaquons de nouveau à un plus fort que nous, sa colère pourrait augmenter nos malheurs. Est-il donc encore quelque chose à craindre dans les enfers? Quoi de plus désolant, que de nous voir à jamais privés de la béatitude, que de gémir sans cesse dans ce gouffre abominable, livrés en proie à un feu qui ne s'éteint point, toujours dans l'attente de l'heure fatale où les chaînes de l'enfer nous entraîneront aux tourments. De plus grands châtiments seraient au-dessus de toute force créée : ils nous anéantiraient. Qu'avons-nous donc à redouter? Pourquoi craindre d'irriter la colère de notre ennemi? Qu'elle s'enflamme à son plus haut point, elle nous consumera entièrement, et la mort est préférable à une éternelle misère; ou si notre substance divine est immortelle, nous aurons toujours la consolation de nous voir à l'abri du néant. Ne nous sentons-nous pas en état de troubler la demeure du Très-Haut, et de porter l'alarme jusqu'à son trône? Nous sommes donc déjà vengés, quand même nous ne serions pas vainqueurs.

Il finit en fronçant les sourcils; son regard annonça une vengeance désespérée et une bataille dangereuse pour tout autre que pour Dieu. De l'autre côté se leva Bélial dans une attitude plus gracieuse et plus modérée. L'Olympe n'avait point perdu de plus bel habitant. Par la noblesse de son extérieur libre et guerrier, il semblait destiné pour des actions d'éclat; mais en lui tout était faux et dépourvu de solidité. Sa voix plus douce que la manne du ciel, savait donner une couleur favorable aux crimes les plus noirs. Il possédait l'art de confondre la raison et de faire avorter les desseins les mieux conçus. Ses pensées basses et industrieuses pour le vice, étaient timides et paresseuses, quand il s'a-

gissait de quelque chose de grand. Il parla
cependant, et d'un ton flatteur pour l'oreille
et persuasif pour leur cœur, il prononça ces
paroles :

Chers compagnons, je suis très porté à la
guerre: je ne cède en haine à personne; mais
ce qui vient d'être allégué de plus fort pour
la persuader, ne sert qu'à m'en détourner.
Quel augure devons-nous tirer du succès,
quand le plus brave de nos troupes, se mé-
fiant lui-même de son conseil et de sa force,
fonde son courage sur le désespoir, et consent à périr pourvu qu'il se venge. Quelle
vengeance pouvons-nous prendre? Les tours
éternelles sont gardées par des troupes invincibles. De distance en distance les légions
du Tout-Puissant sont campées sur les confins de l'abîme, et d'une aile légère ses cou-
reurs s'avançant dans le royaume de la nuit,
mettent l'Empyrée à l'abri de la surprise.
Pourrions-nous nous faire jour par la force ?
Quand tout l'enfer marcherait après nous
pour confondre par l'épaisseur de ses ténèbres la pure lumière des cieux, notre ennemi
assis sur un trône incorruptible, dissiperait
par l'éclat de sa présence tout ce qui voudrait l'offusquer, et sa cuirasse, que rien ne
saurait endommager, repousserait bientôt
nos faibles traits. C'est donc le désespoir que
l'on nous présente pour unique ressource.
On veut que nous allumions encore la colère
du vainqueur. Dans quelle vue? C'est, dit-on,
que s'il redouble nos maux, leur excès pourra
enfin nous anéantir. Triste délivrance! Qui
d'entre nous, malgré les peines dont nous
sommes accablés, n'aimera pas mieux jouir
de cet être intellectuel et se promener à travers l'éternité, dans la variété de ses pensées, que de périr englouti dans le sein de
la nuit éternelle? Mais supposons que la

mort soit un bien pour nous, notre vainqueur voudrait-il nous en gratifier, ou même le pourrait-il ? Il est douteux qu'il le puisse, sûr qu'il ne le voudra jamais. Voudra-t-il, étant si sage, lâcher la bride à toute sa colère ? Et pourrait-il bien, par faiblesse ou par inadvertance, donner à ses ennemis ce qu'ils désirent ? Détruirait-il dans sa fureur ceux que cette même fureur réserve et destine à des châtiments éternels. Pourquoi donc balançons-nous, disent ceux qui conseillent la guerre ? Nous sommes condamnés sans retour à des malheurs sans bornes. Nos peines, quoique nous fassions, ne sauraient augmenter. Que pourrions-nous souffrir de plus ? Est-ce donc ce qu'il y a de plus triste, que d'avoir la liberté de parler, d'agir et de s'assembler ? Rappelez-vous cette fuite précipitée, où frappés du foudre, et vivement poursuivis, nous conjurions l'abîme de nous ouvrir son sein et de nous dérober aux traits du vainqueur : l'enfer nous semblait alors un asile. Notre état n'était-il pas plus affreux tout le temps où nous nous sommes vus enchaînés et ensevelis dans le lac brûlant ? Quoi si le souffle qui alluma ces tristes feux, se ranimait pour les rendre sept fois plus plus ardents : si la vengeance presque assoupie venait à se réveiller : si tous les trésors de sa colère s'ouvraient : si les voûtes infernales croulant faisaient fondre sur nos têtes leurs torrents enflammés, et toutes les horreurs qui nous menacent, notre sort ne serait-il pas infiniment plus à craindre ? Peut-être au moment que nous projetons une guerre glorieuse, il s'élève contre nous une tempête qui nous submergera dans les flammes. Peut-être une main invisible va-t-elle nous enlever et nous clouer sur divers rochers, pour être le jouet et la proie des tourbillons furieux. Cette situation ne serait-elle pas plus horrible ? Non, non, ne songeons plus à la guerre. Nous ne présumons point de vaincre celui qui possède la force, ni de tromper celui qui voit tout d'un coup d'œil. Également puissant pour repousser nos coups, et sage pour dissiper nos trames, du haut des cieux il se rit de nos vaines émeutes. Mais vivrons-nous déshonorés, foulés aux pieds, bannis du ciel, notre chère patrie ?

Le destin l'a voulu, soumettons-nous. La force ne nous manque pas, manquerons-nous de patience ? Dans l'incertitude du succès, nous aurions dû faire nos réflexions avant que de prendre les armes contre un si grand ennemi ; mais nous nous sommes livrés aux mouvements de notre courage. Pourquoi frémir des violences qu'on exerce contre nous ! L'exil, l'ignominie, l'esclavage, sont des maux inévitables pour des vaincus : faisonsnous une raison. Notre vainqueur pourra s'apaiser avec le temps. Si nous cessons de l'insulter, peut-être il nous laissera tranquilles dans ces lieux écartés de sa vue. Qui sait même si, satisfait un jour de ce que nous aurons souffert, il n'écoutera pas sa clémence ? Ces feux brûlants se ralentiront, quand son souffle n'en rallumera plus les flammes. Alors notre essence purifiée surmontera leur vapeur nuisible, et notre tempérament s'accoutumant au climat, n'en ressentira plus aucune incommodité. Cette horreur se convertira en bonace, et cette obscurité en lumière. L'instabilité des choses que le temps dispose à des révolutions continuelles doit élever nos espérances. Nous pouvons nous flatter de quelque changement heureux : notre condition était autrefois fortunée, elle est aujourd'hui déplorable ; mais elle peut empirer, si nous nous exposons à de plus grands châtiments.

Ainsi Bélial, sous des termes revêtus de l'apparence de la raison, n'osa directement conclure pour la paix; mais il insinua le parti d'un repos ignoble et d'une inaction paisible. Après lui parla Mammone.

Si nous faisons la guerre, nous la ferons ou pour détrôner le divin monarque ou pour nous remettre en possession des droits que nous avons perdus. Pour le détrôner, il faudrait que le destin immuable cédât à la fortune volage et que le Chaos fût l'arbitre de la victoire. Le peu de fondement qu'il y a d'espérer le premier fait voir la vanité du dernier. Est-il pour nous aucune place dans l'enceinte du Ciel, à moins que nous n'en surmontions le grand roi? Supposé même qu'il s'attendrît et qu'il publiât un pardon général, à la charge de lui jurer de nouveau obéissance, de quels yeux pourrions-nous nous tenir humblement debout en sa présence et recevoir les dures lois qu'il nous imposerait? Aurions-nous bien la lâcheté de rendre hommage à son trône, avec des hymnes mélodieux et de chanter en l'honneur de sa divinité, des cantiques forcés, pendant qu'il serait assis en maître et que ses autels fumeraient de parfums suaves et de fleurs d'ambroisie que nos timides mains viendraient y prodiguer? Car telle serait notre occupation dans le Ciel: on n'y connaît point d'autre bonheur. Qu'une éternité employée à faire sa cour à l'objet de sa haine secrète est longue et ennuyeuse! N'entreprenons pas l'impossible : nous ne saurions forcer les portes éternelles; mais quand on voudrait nous les ouvrir, nous devrions rejeter une grâce pareille. Ce que nous avons perdu n'était-il n'est qu'un pompeux escla-

vage; cherchons notre bonheur en nous-
mêmes, et ne songeons qu'à vivre pour nous
dans cette vaste retraite, indépendants, af-
franchis de toute tyrannie et préférant une
liberté pénible à l'éclat servile du joug le
plus brillant. Notre grandeur n'appartiendra
qu'à nous, lorsque nous ferons servir à notre
gloire, à notre avantage, à notre félicité, ce
qui devait être méprisable, nuisible, perni-
cieux, tirant à force d'industrie notre satisfaction du mal même. Craignons-nous l'obscurité de ces profondes régions? Combien de
fois le grand Souverain se plaît-il à s'envelopper de nuages épais et sombres? Les tonnerres cachés grondent de toutes parts et le
Ciel paraît un Enfer. Mais sa gloire, envi-
ronnée de la majesté des ténèbres, conserve
en elle-même toute la pureté de son éclat.
Comme il imite notre obscurité, ne pouvons-
nous pas, quand il nous plaira, imiter sa lumière? Ce terrain brut a ses beautés cachées,
l'or et les perles s'y rencontrent. Nous ne
manquerons ni d'adresse ni d'art pour en
tirer de la magnificence; et qu'est-ce que les
palais divins peuvent présenter de plus à
nos yeux? Qui sait même si nos tourments
ne deviendront pas avec le temps notre élément? Peut-être ces feux perçants seront
pour nous aussi doux qu'ils sont maintenant cruels. Si nous pouvons une fois nous
transformer en leur nature, il n'y aura
plus rien de sensible dans nos peines. Tout
nous invite à des conseils paisibles et à voir
comment nous adoucirons nos misères, eu
égard à l'état et au lieu où nous sommes.
Bannissons tous les projets de guerre et ne
songeons plus qu'à tirer avantage des richesses que nous possédons.

—A peine eut-il fini, que l'assemblée fut
remplie d'un bruit sourd, semblable à celui

qu'on entend après une tempête, quand les
antres des rochers conservent le bourdonne-
ment des vents impétueux, qui toute la nuit
ayant bouleversé la mer, endorment, par
leurs sifflements enroués, les matelots épuisés de veilles et de fatigues, dont le vaisseau se trouve à l'ancre dans une baie pleine
d'écueils. Tel fut l'applaudissement qu'on
entendit, quand Mammone cessa de parler.
Son avis pour la paix fut goûté. L'impression
qu'avaient formée sur eux le foudre et l'é-
pée du vainqueur leur faisait craindre, plus
que l'Enfer même, un nouveau combat. Ils
se sentirent flattés du projet de fonder un
empire pareil à celui des Cieux.

Béelzebuth, qui après Satan tenait le premier rang, remarqua leur disposition. Il se
leva d'un air grave. En se levant, il parut
le soutien d'un Etat. La délibération et les
soucis publics étaient profondément gravés
sur son front, et dans ses traits majestueux,
quoique défigurés, on lisait les décisions du
conseil d'un roi. Capable de porter sur ses
épaules, plus robustes que celles d'Atlas, le
fardeau des plus puissantes monarchies, il
attira au premier regard toute l'attention, et
l'assemblée fut calme comme la nuit ou l'air
du midi en un beau jour d'été.

Puissances impériales, Divinités du Ciel,
Vertus éthérées, ou plutôt lâches habitants
des Enfers, car, renonçant à vos premiers
titres, toutes les voix ne tendent qu'à fonder ici un empire nouveau. Quelle est donc
votre erreur ? L'Eternel ne vous destine point
ici des trônes, mais des cachots. Il ne vous
y a point placés pour vous y soustraire à son
empire, encore moins pour vous mettre en
état de former contre son trône une ligue
nouvelle : sa volonté suprême est de vous y
retenir dans l'esclavage. Lui seul, soyez-en

sûrs, toujours le plus haut et le plus profond, le premier et le dernier; lui seul est le
monarque qui règne et nos révoltes ne peuvent donner atteinte à sa gloire. Nous sommes encore sous sa domination, et sa verge
de fer, levée sur nos têtes, nous force à subir ses lois, comme il gouverne les célestes
esprits du plus léger mouvement de son
sceptre d'or. Pourquoi donc délibérer si nous
ferons la guerre ou la paix? La guerre a fixé
notre sort; on ne nous offre point la paix :
ne la recherchons point. Quelle paix peuvent
espérer des esclaves? Ils ne doivent s'attendre qu'à des fers, qu'à d'indignes traitements
au gré du vainqueur. Rendons haine pour
haine, hostilité pour hostilité; vengeons-
nous, quoique avec lenteur, puisque notre
état ne nous permet point une prompte vengeance. Notre unique objet doit être de priver le vainqueur du fruit de sa victoire. Ne
le laissons point jouir du cruel plaisir de se
rassasier de notre misère. Qu'est-il nécessaire que, par une irruption dangereuse,
nous envahissions l'Empyrée, dont les superbes remparts ne craignent ni assaut, ni
siège, ni surprise de la part de l'abîme : il
est des routes et plus sûres et plus aisées.
Une ancienne prophétie nous a révélé dans
le Ciel qu'un monde nouveau devait sortir
du néant. Si j'ai bien combiné les termes et
les signes de la prophétie, il doit en être
déjà sorti, pour servir de demeure à une
race nouvelle, à l'homme, dont la nature,
semblable à la nôtre, mais inférieure en
excellence, est plus favorisée de celui qui
règne. La volonté du Très-Haut s'est expli-
quée là-dessus parmi les dieux, et il l'a con-
firmée par un sentiment qui fit trembler
toute la circonférence du Ciel. Tournons de
ce côté-là toutes nos pensées; tâchons d'ap-

prendre quelles créatures l'habitent, quelle est leur figure ou leur substance, quels sont leurs talents, en quoi consiste leur force ou leur faiblesse, et si, pour les surmonter, il faut employer l'artifice ou la violence, les portes de l'Olympe sont fermées ; tout assure la gloire et le repos du grand monarque ; mais peut-être cette autre place frontière de son royaume est ouverte, dénuée de troupes, et n'a d'autre défense que ses premiers habitants. Portons contre eux nos armes, détruisons leur monde ou soumettons-le à titre de conquête. Chassés du Ciel, chassons de la Terre ces nouveaux sujets ou soulevons-les contre leur Dieu, afin qu'il devienne leur ennemi et que, dans sa fureur, il extermine son propre ouvrage. Ne sentez-vous pas tout le plaisir d'une telle vengeance? Elle troublerait la joie qu'il ressent de notre confusion, et notre joie naîtrait de son trouble. Il regretterait ses enfants bien aimés, qui, partageant avec nous et nos fautes et nos peines, maudiraient leur origine et pleureraient leur trop courte félicité. Voyez donc si ce projet mérite votre attention, ou s'il vous convient mieux de vous occuper dans cette triste demeure à bâtir des empires chimériques.

Tel fut l'avis détestable que Béelzébuth mit dans tout son jour sur la première idée qu'en avait donnée Satan. Quel autre que l'auteur du mal pouvait concevoir un dessein aussi noir que celui de saper le genre humain dans sa racine, et d'envelopper la terre avec l'enfer pour contrister le Créateur! Mais la malice infernale ne servira qu'à relever la gloire du Très-Haut.

Le projet audacieux fut approuvé, et la joie étincela dans les yeux des anges de ténèbres. Ils donnèrent un consentement unanime ; sur quoi Béelzébuth reprit ainsi la parole.

Enfin vos disputes finissent, mes raisons
ont prévalu : il convient à des dieux de former de grands desseins ; par là, vous vous
relèverez du fond de l'abîme, en dépit du
destin ; par là, vous vous rapprocherez de
votre ancienne demeure ; peut-être même
serez-vous à portée de ces confins glorieux
que vous possédiez autrefois ; et qui sait si
nous ne pourrons point tirer avantage de la
proximité, pour rentrer les armes à la main,
soit dans le lieu de notre origine, soit dans
quelque zone tempérée où nous vivrons
tranquilles et perpétuellement visités de la
charmante lumière des cieux. Les brillants
rayons de l'Orient ranimeront notre éclat, et
le baume de l'air radoucira les cruels effets
de ces feux corrosifs. Mais, avant tout, il
s'agit d'un point important. Qui d'entre nous
s'offrira pour aller à la découverte de ce nouveau monde ? Qui voudra sonder de ses pieds
errants l'immense profondeur de l'abîme ténébreux ? Qui saura démêler cette route épi-
neuse à travers la nuit palpable ? Quelle
force, quel art pourra suffire pour soutenir
d'une aile infatigable un vol rapide au-dessus des vastes précipices du vide, avant que
d'arriver au terme fortuné ? Comment échapper au travers des sentinelles serrées et des
bataillons d'anges épars ? Cette entreprise
exige de celui qui s'en chargera une conduite surprenante et une résolution infinie.
C'est à nous de faire usage de toute notre
prudence pour choisir un sujet capable. Il ne
s'agit de rien moins que de lui remettre
notre sort et nos dernières espérances.

Il s'arrêta sans sourciller. Il attendait que
quelqu'un se levât pour appuyer, pour con-
tredire ou pour prendre sur soi la commission périlleuse : tous restèrent dans le silence, admirant le projet, étonnés de l'exé-

cution. Chacun lisait dans les yeux des
autres sa propre frayeur. Nul parmi l'élite
et la fleur de ces guerriers ne se trouvait
assez hardi pour s'offrir. Satan, que la gloire
de son rang élevait au-dessus du vulgaire,
fier de sa supériorité, dit d'un ton de monarque :

Princes du ciel, trônes, empyrés, si nous
gardons le silence, ce n'est pas que la crainte
puisse nous ébranler. La difficulté, non le
péril, nous étonne. Le chemin qui d'ici conduit à la lumière est long, peut-être impra-
ticable; cette prison est barricadée de toutes
parts. Une vaste convexité de feu dévorant
nous entoure neuf fois de son circuit, et des
portes de diamant défendent la sortie. Ces
portes passées, si l'on peut les passer, la vide
profondeur de la nuit informe nous reçoit
dans sa gueule béante et menace d'un entier
anéantissement celui qui osera se plonger
dans son gouffre. S'il pénètre de là dans
quelque monde inconnu, il se trouvera exposé à de nouveaux dangers et il lui faudra
surmonter encore les mêmes obstacles dans
sa retraite. Mais je soutiendrais mal l'honneur de ce trône orné de splendeur, armé
de puissance, si la peine ou la difficulté
pouvaient m'arrêter un instant, quand il y
va de l'intérêt de l'Etat. La royauté dont je
suis revêtu et le sceptre que je porte m'aver-
tissent que qui jouit de la gloire du trône
en doit essuyer les périls. Les grands dangers sont pour les grandes places. Allez
donc, redoutables puissances, qui même
après votre chute êtes encore la terreur du
ciel, concertez entre vous ce qui pourra soulager la misère de ces lieux et rendre l'enfer
plus supportable, tandis qu'il vous faudra
l'habiter. Inventez quelque moyen, quelque
charme pour suspendre, pour éluder et pour

ralentir vos maux. Veillez sans cesse en
mon absence, vous avez un ennemi vigilant.
Je vais moi-même à travers la noire destruction chercher la délivrance commune. Personne ne partagera cette entreprise avec
moi.

A ces mots, le monarque se leva; il pré-
vint sagement toute réplique, de peur qu'en-
courages par sa résolution, d'autres entre
les principaux, dans l'assurance d'un refus,
ne vinssent s'offrir pour cette expédition
dont la première vue les avait épouvantés.
En briguant cet emploi, ils se seraient dé-
clarés ses rivaux; et sans aucun dessein de
le remplir, sans courir aucun risque, ils eussent partagé la gloire qu'il lui fallait mois-
sonner au travers d'une infinité de dangers;
il leur défendit donc de penser à le suivre;
le son de sa voix ne les effraya pas moins
que les périls de cette course terrible.

Ils se levèrent avec lui. Le bruit qu'ils
firent en se levant fut pareil à celui du tonnerre entendu dans l'éloignement. Ils s'in-
clinèrent en sa présence avec une soumission profonde, et ils l'exaltèrent comme un
Dieu égal au Très-Haut. Sa générosité, qui
l'engageait à se dévouer pour le bien public,
ne resta point sans éloges. Les démons,
malgré la corruption de leur nature, sentent
ce qui mérite ou la louange ou le blâme. Par
là seront un jour confondus ces hommes
pervers, dont les actions spécieuses n'ont
d'autre principe que la vaine gloire ou l'ambition colorée du nom de zèle.

Ils sortirent du conseil agités de diverses
pensées, mais se réjouissant dans leur chef
incomparable. Ainsi, tandis que le vent du
nord repose, les sombres nuages partent du
sommet des montagnes, s'étendent sur la
face riante des cieux et, répandant la neige

où la pluie, attristent la terre et defigurent les campagnes. Si par hasard le soleil, en finissant sa carrière, montre ses rayons et favorise d'un dernier regard la nature affligée, les champs reprennent vie, les oiseaux recommencent leurs chansons, et les troupeaux témoignent leur joie par des mugissements qui font retentir les montagnes et les vallées. A la honte des hommes, les démons, au milieu des tourments vivent ensemble en bonne intelligence. Les hommes, seuls de toutes les créatures raisonnables, sont en discorde, malgré l'assistance du ciel; et, tandis que l'Eternel publie la paix, ils entretiennent entre eux l'inimitié, la haine et la dissension. Ils se font de cruelles guerres et ravagent la terre pour se détruire l'un l'autre, comme si l'homme (ce qui devrait nous engager à nous réunir) n'était point entouré d'un assez grand nombre d'ennemis invisibles, qui veillent jour et nuit pour sa ruine.

Ainsi finit le conseil stigien : les pairs infernaux se retirèrent en ordre. Au milieu d'eux marchait leur grand empereur, qui semblait seul l'antagoniste du ciel. Redoutable souverain des sombres royaumes, par cette pompe extérieure, il affectait la grandeur de la divinité. Un globe de séraphins de feu l'entourait à la ronde avec des blasons brillants et des armes fulminantes. Ils firent publier au son royal des trompettes la décision du conseil. Vers les quatre vents, quatre chérubins actifs embouchèrent le métal sonore et disposèrent le peuple à entendre la voix des hérauts : l'abîme en retentit. Toute l'armée renvoya de hautes acclamations. Ainsi l'éblouissante lueur d'une présomptueuse et fausse espérance leur rendit un peu de tranquillité.

Les puissances infernales se séparèrent et tinrent diverses routes, que le penchant ou qu'un triste choix leur présentait dans cette situation affreuse, comme un moyen de calmer leur désespoir et d'amuser, jusqu'au retour de leur grand chef, des heures que son absence allait rendre encore et plus longues et plus tristes.

Les uns sur la plaine ou dans l'air s'ébattent en s'élevant sur leurs ailes ou s'exercent à la course comme aux jeux olympiques, ou dans les champs pythiens; ceux-ci manient leurs chevaux ardents ou d'une roue rapide évitent adroitement la borne. Là, une troupe forme un bataillon carré : telle est l'image de la guerre qui paraît quelquefois dans les cieux pour servir d'avertissement à des villes débordées. On y voit des armées se choquer en bataille dans les nuages; les chevaliers aériens se poussent en avant des deux parts, baissent leurs lances, et bientôt les épaisses légions se mêlent. La chaleur du combat met en feu toute l'étendue de l'horizon.

D'autres, avec une rage plus furieuse que celle des Titans, arrachent les rochers et les montagnes et volent par les airs en forme de tourbillons. A peine l'enfer soutient-il leur agitation et la violence de leurs mouvements. Tel Alcide, vainqueur d'Oechalie, sentant la robe envenimée, au fort de sa douleur, déracina les pins de Thessalie et lança Lichas du haut de l'Oeta dans la mer d'Eubée.

Quelques-uns, dans une vallée retirée du bruit, accordant leurs voix mélodieuses avec la lyre et la harpe, chantaient leurs faits héroïques et le malheur de leurs armes : ils se plaignaient du destin, dont l'injuste loi assujétissait la vertu à la force ou à la fortune.

Leurs chants, remplis de vanité, célébraient leurs exploits infortunés; mais l'harmonie, (qu'y a-t-il d'impossible aux voix des immortels!) suspendait la violence des flammes, et produisait dans ces esprits turbulents une espèce de calme.

Occupés à des discours plus doux; (car les sons charment les sens, mais l'éloquence charme l'âme), quelques autres étaient assis à part sur un mont solitaire. Ils s'entretenaient de pensées plus élevées : ils raisonnaient de la Providence, de la prescience, de la liberté, de la prédestination, des décrets fixes, du franc arbitre, de la détermination absolue; mais ils se perdaient toujours de plus en plus dans des labyrinthes embarrassés, disputant à l'infini sur le bien et le mal, la béatitude et la misère finale, la passion et l'apathie, la gloire et la honte. Vaine sagesse et fausse philosophie! Cependant ces spéculations, toutes creuses qu'elles étaient, par un doux enchantement, étourdissaient quelquefois leurs peines et leurs douleurs; et faisant naître en eux un espoir séduisant, elles armaient leur cœur endurci d'une patience opiniâtre, ainsi que d'une triple cuirasse.

Ceux-là en escadrons, et en grandes troupes, s'étendent hardiment au loin pour reconnaître leur triste monde, et cherchent s'ils ne trouveront point en quelque autre climat une plus douce habitation. Ils prennent en volant leur route par quatre chemins, le long des quatre rivières qui dégorgent dans le lac brûlant leurs ondes lugubres. Là se trouve le détestable Styx, fleuve de haine; ici le triste Achéron, dans son lit noir et profond, traîne un chagrin mortel : dans cet endroit est le Cocyte, ainsi nommé des hautes lamentations qui se font entendre sur son courant de douleurs. En tournant vos regards, vous voyez le cruel Phlégéton, dont les vagues de feu allument la rage dans les cœurs.

Loin de ces quatre rivières, le lent et tranquille Léthé, fleuve d'oubli, roule ses eaux tortueuses; quiconque en boit oublie sur-le-champ son premier état, et perd toute idée, ou des plaisirs ou des maux passés.

Audelà de ce fleuve est un continent glacé, sombre, affreux, battu sans cesse de la tempête, d'ouragans et de grêle meurtrière qui ne se fond jamais sur la terre endurcie, mais s'amasse en monceaux, et paraît comme la ruine d'un ancien bâtiment.

Ce continent est terminé par des abîmes de neige aussi profonds que le lac Serbonite entre Damiette et l'ancien mont Casius, où des armées entières ont été englouties. Sous cette zone glaciale, les frimats de l'air brûlent tout, et le froid produit le même effet que le feu.

Ces malheureux, traînés par les Furies aux serres de harpies, sentent tour à tour la différence horrible d'un contraste furieux. Le changement ne fait que rendre leur sort encore plus rude. Tantôt plongés dans la glace, au sortir d'un lit de feu terrible, ils sentent éteindre en eux la douce chaleur qu'ils tenaient du Ciel, et languissent pendant un certain temps immobiles et raides de froid. Tantôt ils sont rejetés dans le feu. Pour augmenter encore leur misère, en allant d'un supplice à l'autre, ils traversent le Léthé.

A la vue de ces ondes assoupissantes, dont ils se trouvent si proches, ils désirent, ils s'efforcent d'en prendre quelques gouttes pour effacer, dans un doux oubli, leurs peines et leurs maux, mais le destin s'y oppose. Méduse, aux regards terribles, de ses bras armés de serpents, les repousse, et semblable à celle qui se dérobait autrefois des lèvres de Tantale, l'onde fuit et ne se laisse point approcher.

Ainsi, les légions infernales, marchant confusément, ne trouvaient partout que des sujets de désespoir. Saisies d'horreur, avec un mortel tremblement, la pâleur sur le front, les yeux hagards, elles envisageaient de tous côtés leur partage lamentable. Le repos les fuyait. En vain traversaient-elles des vallées sombres et hideuses, des régions de douleur, des montagnes de glace et de feu. En vain franchissaient-elles des rochers, des fondrières, des lacs, des précipices et des marais empestés, elles retrouvaient toujours d'épouvantables ténèbres, les ombres de la mort, que Dieu forma dans sa colère, au jour qu'il créa les maux inséparables du crime. Elles ne voyaient que des lieux où la vie expire, et où la mort seule est vivante : la nature perverse n'y produit rien que d'énorme et de monstrueux : tout en est horrible, inexprimable, et pire encore que tout ce que les fables ont feint, ou que la crainte s'est jamais figuré, de gorgones, d'hydres et de chimères dévorantes.

Cependant, l'adversaire de Dieu et de l'homme, Satan, rempli des plus hauts projets, attache ses ailes rapides et vole vers les portes des Enfers ; quelquefois il suit la droite, quelquefois la gauche ; tantôt d'un vol horizontal il rase les plaines infernales, puis prenant son essor il pointe en haut vers la voûte de feu. Tel que dans la pleine mer on voit de loin, suspendue dans les nues, une flotte partie de Bengale, par les vents de l'Equinoxe ou des îles de Ternate et de Tidore, d'où les marchands tirent d'utiles aromates ; leurs vaisseaux, voguant au cap sur les liquides plaines de l'océan Ethiopique, s'avancent vers le pôle, malgré les ténèbres

et la marée : tel, en son vol, paraissait le
prince des Démons.

Enfin les extrémités de la voûte infernale
se découvrent à ses yeux; il en aperçoit les
horribles portes : trois battants étaient de
cuivre, trois de fer, trois d'un roc de diamant, impénétrables à toute force, et palis-
sadées d'un feu qui brûlait toujours sans jamais se consumer.

Deux monstres formidables se tenaient
au devant. L'un, jusqu'à la moitié du corps,
ressemblait à une belle femme, mais se ter-
minait en un dragon homicide. Autour de sa
ceinture, les chiens de l'enfer aboyant sans
cesse, de leurs gueules, plus profondes que
celles de Cerbère, poussaient des hurlements
effroyables. Si quelque chose les forçait à
disparaître, ils se retiraient dans les flancs
du monstre, et, cachés au fond de ses entrailles, ils y continuaient leurs cris. Scylla se
baignant dans la mer qui sépare la Calabre
de la côte mugissante de Sicile, est moins
tourmentée des monstres qui la dévorent, et
jamais magicienne n'eût de suite si terrible,
quand appelée en secret, et traçant sa route
au travers des airs, elle vient à l'odeur du
sang de quelque enfant pour danser avec ses
compagnes de Laponie, tandis que la Lune
en travail s'éclipse par la force de leurs
charmes.

L'autre figure, si l'on peut nommer ainsi
ce qui n'avait point de forme distincte en
ses membres, en ses jointures, et dans son
assemblage énorme, ou qu'on puisse appeler
substance ce qui ressemblait à peine à une
ombre, surpassait la nuit en noirceur. Féroce
comme dix furies, terrible comme l'enfer,
elle branlait un dard meurtrier, et portait sur
sa tête bizarre une espèce de couronne
royale.

Sitôt que Satan fut à portée, le monstre s'avança contre lui à grands pas. Sa démarche fit trembler l'enfer. Le prince des démons admira cette vision. Il admira, mais il ne trembla pas. Comme il ne redoutait que l'Eternel et son Verbe, il regarda le monstre d'un air fier, et lui parla de la sorte :

D'où viens-tu ? Qui es-tu, exécrable objet, assez téméraire pour m'opposer ta figure hideuse ? Prétends-tu me fermer ces portes ? J'y passerai malgré tes efforts : retire-toi ou je te ferai sentir ta folie, et tu apprendras, monstre d'enfer, qu'il ne faut pas disputer avec les Esprits du Ciel.

Es-tu donc, lui répondit le spectre plein de courroux, es-tu cet Ange perfide qui le premier rompit dans le Ciel la paix et la foi qui devaient être inviolables ? Es-tu cet orgueilleux qui entraîna, dans sa révolte, la troisième partie des enfants de lumière ? Conjurés à ton exemple, contre le Très Haut, ils ont été rejetés de la présence de Dieu, et se voient condamnés à passer avec toi des jours éternels dans le mal et dans les tourments : infâme victime de l'enfer, oses-tu bien te compter entre les Esprits du Ciel ? Oses-tu porter ici le défi, et me braver dans mon royaume, où, pour combler ton désespoir, tu te trouves mon sujet ? Retourne à ton supplice, lâche déserteur : hâte-toi, ou d'un fouet armé de scorpions, je presserai ta démarche, et si tu résistes, je te frappe de mon dard, qui cause des maux plus violents que tout ce que tu ressentis jamais.

Ainsi parla le monstre épouvantable. Son air menaçant le rendit dix fois plus terrible et plus difforme. Satan, brûlant de colère, sans être épouvanté, lançait de ses yeux enflammés mille traits foudroyants. Semblable à une comète qui met en feu toute l'étendue

du vaste Ophiucus dans le ciel arctique, et
de ses cheveux horribles secoue la peste et
la guerre. Ils se portèrent des regards furieux, et levèrent l'un sur l'autre un bras
exterminateur. Tels deux sombres nuages
chargés de l'artillerie des cieux s'avancent
en grondant sur la mer Caspienne, se tiennent en face l'un de l'autre, et tournoient
jusqu'à ce que les vents soufflent le signal
de la noire mêlée dans la région de l'air.
Avec plus de noirceur encore se regardèrent
ces puissants combattants. L'obscurité des
royaumes sombres en devint plus grande; à
les voir tous deux si redoutables, on eût dit
que ces superbes rivaux pouvaient seuls faire
ensemble l'essai de leurs forces; mais ils
trouveront un jour leur vainqueur. L'enfer
aurait retenti de leurs coups terribles, si
l'autre monstre, dépositaire de la clef fatale,
ne se fût jeté entre eux avec un cri épouvantable.

O mon père, s'écria-t-elle, que projette ta
main contre ton fils unique! Et toi, mon fils,
quelle rage te porte à tourner ce dard mortel contre ton propre père? Pour qui? Pour
le tyran qui nous humilie, et qui se rit de te
voir le ministre de sa justice, ou plutôt de sa
colère : ignores-tu qu'il doit un jour nous
détruire?

A ces mots, le fléau de l'enfer se tut; Satan répondit : ton cri et ton discours surprenant ont suspendu tout à coup mon bras. Je
consens qu'il diffère à te faire sentir sa pesanteur, jusqu'à ce que je sache de toi qui
tu es sous cette double figure. Tu n'as point
encore paru à mes yeux dans les vallées infernales, comment oses-tu m'appeler ton
père! Comment ce fantôme est-il mon fils?
Je ne connais ni l'un ni l'autre, et jamais objets si hideux ne choquèrent ma vue.

M'as-tu donc oubliée, lui répliqua la portière d'enfer, et semblé-je si difforme à tes yeux? Ne suis-je plus ta fille bien-aimée que tu trouvais si belle dans les célestes régions? Souviens-toi qu'en présence des Séraphins conspirant avec toi contre le Très-Haut, tout d'un coup les douleurs te surprirent; tes yeux se couvrirent d'un nuage, et les ténèbres de l'évanouissement t'environnèrent. Ton front jetait des flammes en abondance; il s'ouvrit enfin du côté gauche : aussitôt semblable à toi, déesse armée, je sortis de ta tête. L'étonnement saisit les immortels : ils reculèrent d'effroi, et me donnèrent l'odieux nom de péché. Mes charmes regagnèrent un grand nombre de ceux qui m'avaient témoigné le plus d'aversion. Toi-même retrouvant en moi ta parfaite image, tu devins sensible à mes attraits, tu m'aimas, tu sais de quel amour. Je payai nos plaisirs par les douleurs les plus cruelles. Cependant la guerre s'éleva, la bataille se donna : notre invincible ennemi remporta une pleine victoire, tes soldats renversés tombèrent du haut de l'Empyrée. Je me vis entraînée avec eux : la clef de l'abîme fut remise en mes mains, et ces portes, que nul ne saurait franchir sans mon ordre, furent confiées à ma garde. Je restai ici quelque temps seule et pensive : mon terme arriva. Je sentis des mouvements prodigieux et des tranchées insupportables; enfin cet odieux rejeton que tu vois, ton propre fils, se faisant jour avec violence, déchira mes entrailles. Juge de ce que j'ai souffert par l'état où sont réduites les extremités de mon corps. Mon barbare fils voyait à peine le jour, que prêt à tout détruire il secoua son dard fatal : je pris la fuite, et dans l'effroi où j'étais, je prononçai le nom de mort. Les cavernes de l'enfer rétentirent, et répétèrent

mille fois la mort. Je fuyais, il me poursuivit encore plus animé de débauche que de
rage. Il m'attrapa, je ne pus lui échapper, il
me saisit sans avoir égard à ma frayeur ni
au nom de mère, et dans des embrassements forcés, il eut de moi ces monstres hur-
lants, qui m'environnent comme tu vois et
me fatiguent de leurs cris perpétuels. Conçus
et naissant à toute heure, ils me font souffrir à chaque instant les cruelles peines de
l'enfantement; car quand il leur plaît, ils
rentrent en mugissant dans les flancs qui
les ont portés, et se font un plaisir de ronger
mes entrailles. Se sont-ils rassasiés, ils sortent avec effort, et se tenant en foule autour
de moi, ils me tourmentent sans cesse par
de justes frayeurs. La mort toujours présente
à mes yeux, la mort hideuse, mon fils et mon
ennemi irrite contre moi mes bourreaux, et
quoique je sois sa mère, sa fureur voudrait
me dévorer moi-même, faute d'autre proie;
mais ce monstre sait que sa fin tient à la
mienne. Il sent qu'en me dévorant je lui ser-
virais moi-même de poison; ainsi le destin
l'a prononcé; crois-moi donc, évite ses flè-
ches meurtrières, et n'espère pas vainement
que ces armes, quoique brillantes et d'une
trempe céleste, te rendent invulnérable. Nul
ne peut résister à ses traits, excepté celui
qui règne dans les tabernacles célestes.

Elle finit, Satan comprit bientôt ce qu'il
avait à faire : il se radoucit et répondit d'un
ton insinuant : Ma chère fille, puisque tu me
reconnais pour ton père, et que tu me mon-
tres ici le gage précieux de notre union dans
le ciel, union alors si charmante, mais dont
le souvenir est empoisonné par les malheurs
qui nous sont survenus, sache que je ne
viens pas comme ennemi. Je prétends affranchir de cette prison affreuse, toi, ton fils, et

toute cette multitude d'esprits célestes qui se sont vus précipités pour avoir soutenu nos justes prétentions. J'entreprends sans escorte cette commission difficile, et je m'expose moi-même pour tous à pénétrer les abîmes impénétrables. Errant au travers du vide immense, je vais chercher un monde qui, suivant la prédiction et le concours des signes, doit être maintenant créé. Son globe vaste et fortuné, dans le ressort du ciel, a été abandonné à une race de créatures sorties de la boue : l'Éternel peut-être les destine à remplir nos trônes vacants; il ne les y a point encore admises de peur que l'Olympe, surchargé d'une puissante multitude, ne trame de nouvelles séditions; mais soit que ce motif l'ait déterminé, soit qu'il ait eu quelque autre dessein plus mystérieux, je me hâte de le savoir. Bientôt je reviendrai pour vous établir dans un séjour délectable; vous y demeurerez tous deux à votre aise, invisibles, tranquilles. Vous pourrez voler dans un air subtil et embaumé de suaves odeurs : tout deviendra votre proie.

Il cessa, tous deux parurent transportés de joie. Le monstre dévorant, flatté de rassasier bientôt sa faim insatiable, voulut sourire, et cette expression de plaisir le rendit encore plus affreux. Sa méchante mère ne parut pas moins sensible; elle se tourna vers Satan et lui tint ce langage :

Je garde les clefs de ce gouffre infernal, la justice l'ordonne, et m'a défendu d'ouvrir ces portes de diamant. Je n'ai point à craindre de me voir surmonter par aucune puissance vivante. La mort a juré de tourner son dard formidable contre tout téméraire qui voudrait me faire violence, mais je ne dois plus rien au Très-Haut; il me hait, et m'a précipitée dans les profondes ténèbres du Tartare, pour y rester chargée d'un office odieux. Habitante du ciel et d'une origine céleste, je me trouve ici confinée dans la peine et dans une agonie perpétuelle, assiégée de terreurs, de cris et d'enfants qui me déchirent. Tu es mon père, tu es mon auteur, tu m'as donné l'être. A quel autre que toi dois-je obéir ? Tu m'introduiras bientôt dans ce nouveau monde de lumière et de béatitude, parmi les dieux qui y vivent dans la félicité : j'y régneral au delà des siècles voluptueusement assise à ta droite, comme il convient à ta fille, à ta bien-aimée.

A ces mots, elle tira de sa ceinture la clef fatale, triste instrument de nos maux, et roulant vers les portes sa croupe monstrueuse, elle leva sur-le-champ la herse immense, que sans elle toutes les puissances de l'enfer n'auraient pu ébranler. Les serrures obéirent, et les barres de fer massif tombèrent au premier mouvement de sa main.

Les portes infernales, reculant impétueusement avec un bruit épouvantable, s'ouvrirent des deux côtés. Le mugissement des gonds, pareil à celui du tonnerre, ébranla le plus profond de l'Erèbe. Elle ouvrit les portes, mais elle ne les ferma plus. Leur ouverture énorme aurait pu recevoir de front une armée en bataille étendue sur ses ailes, marchant enseignes déployées avec ses bagages et ses chariots. De vastes tourbillons de flamme et de fumée en sortirent comme d'une fournaise rompue par la violence du feu.

Alors les secrets du vieil abîme paraissent à leurs yeux : ils entrevoient un océan noir, démesuré, sans bornes, sans dimension, où la longueur, la largeur, la profondeur, le temps et le lieu se trouvent engloutis : c'est là que la nuit primitive et le chaos, ancêtres de la nature, tiennent une anarchie constante au milieu d'un bruit de guerre, animé par l'antipathie. La confusion soutient leur trône. Ici le chaud, le froid, le sec et l'humide, quatre fiers champions, se disputent l'empire, et conduisent en bataille leurs embryons d'atomes. Autour de l'étendard de chaque faction, dans leurs diverses tribus armées à la légère ou pesamment, raboteux ou unis, prompts ou lents, on les voit fourmiller sans ordre ni mesure, pareils en nombre aux grains de sable de Barca ou du terrain aride de Cyrène, que les vents entraînent pour donner du poids à leurs ailes légères, celui qui a le plus d'atomes de son côté est le maître pour un moment. Le chaos gouverne en souverain, et par ses décisions embrouille encore plus la mêlée par laquelle il règne. Le hasard est son premier ministre.

Là se découvre le berceau de la nature, et peut-être son cercueil; on n'y voit ni mer, ni terre, ni air, ni feu; ce n'est partout qu'un assemblage insociable de principes contraires, et qui doivent se combattre pendant toute l'éternité, à moins que le monarque suprême, par sa parole active, ne fasse la séparation de ces noirs matériaux pour créer plusieurs mondes. Voilà ce qu'aperçoit du bord des enfers le prince des démons; il s'arrête, il contemple, il réfléchit; quelle affreuse traverse à faire! Son oreille n'est pas moins étourdie de la violence du bruit, que quand Bellone, s'il est permis de comparer les grandes choses aux petites, emploie contre une ville fortifiée de bons remparts tous les foudres de la guerre. Si la structure du ciel venait à s'écrouler, et si les éléments mutinés arrachaient la terre solidement fixée sur son axe, le désordre ne serait pas plus grand.

Prêt à prendre son vol, Satan déploie ses ailes plus étendues que les voiles d'un vaisseau, et frappe du pied la terre qu'il fait rejaillir en s'élevant dans des tourbillons de fumée. Il monte porté comme dans un trône de nuages, mais bientôt tout appui lui manque. Il se trouve dans un vide prodigieux, et remuant en vain ses ailes, il tombe comme une masse de plomb à dix millions de brasses. Il tomberait encore, si la violente répercussion d'une nue chargée de nitre et de feu ne lui eût donné un nouvel élan pour regagner plus qu'il n'avait perdu. Cette furie passée, il se trouva enfoncé dans des syrtes mouvants, qui n'étaient ni mer ni terre ferme. Harassé, n'en pouvant plus, il dévore cette terre sans consistance, et il emploie au besoin les rames et les voiles. Tel d'une course ailée à travers les montagnes et les plaines, un grifon poursuit l'arimaspied qui emporte à la dérobée l'or confié à sa garde vigilante. Tel est le prince des démons franchissant ardemment les fondrières, les rochers escarpés et les pas étroits, montueux, denses ou rares, pousse son chemin de la tête, des mains, des ailes, des pieds, nage, plonge, guée, rampe, vole.

Enfin un murmure de sons étonnants et de voix confuses, frappe son oreille. Il y tourne ses pas, résolu d'aborder avec intrépidité les esprits ou les puissances de l'abîme qui résidaient dans ce tumulte. Ils pourront l'informer du plus court chemin qui conduit à la lumière. Tout à coup il aperçoit le trône du Chaos, et son lugubre pavillon prodigieusement étendu sur le gouffre désolé. Avec lui sur un même trône, la nuit vêtue de noir, respectable par son ancienneté, compagne de son règne, tenait sa cour. Debout auprès d'eux, était Orcus, Ades, et le redoutable

Démogorgon, ensuite la Rumeur, le Hasard, le Tumulte, la Confusion, entrelacée sur elle-même, et la Discorde à mille bouches différentes. Satan, s'adressant hardiment à eux, leur dit :

Esprits et puissances de cet abîme profond, Chaos, et vous, ancienne Nuit, je ne viens point ici pour découvrir et pour troubler les secrets de votre empire. Engagé sans aucun guide au milieu de ce désert obscur, je me suis égaré, toute mon envie est d'arriver à la lumière. Je cherche une issue pour me rendre aux lieux où vos sombres frontières confinent avec le ciel. Montrez--moi de quel côté le divin monarque a fait sa nouvelle usurpation dans vos Etats. Je veux l'en chasser, il y va de votre intérêt, dirigez ma course. Si je puis réduire cette région perdue pour vous, mon dessein est de la remettre sous vos lois, et d'y faire arborer l'étendard de l'ancienne nuit. Je vous abandonne tout, il me suffit de la vengeance. Ainsi parla Satan, et le vieux Anarque lui répondit d'un ton entrecoupé :

Etranger, je sais ton nom et tes malheurs. Tu es ce puissant chef des anges révolté contre le monarque de l'empyrée. Mes yeux ont été témoins de ta chute, et le bruit s'en est fait entendre à mes oreilles. Une armée comme la tienne devait laisser d'horribles marques de sa déroute. L'abîme en a été effrayé ; les légions victorieuses sortaient par millions des portes du ciel, et augmentaient encore le désordre. Ici sur mes frontières j'ai établi ma résidence. Je veux défendre le peu qui me reste. Nos divisions intestines soulèvent sans cesse contre nous de nouvelles tempêtes, et le sceptre de l'ancienne nuit s'affaiblit de jour en jour. J'ai vu d'abord arracher sous mes pieds les espaces immeuses qui forment les prisons de l'enfer. Les voûtes étoilées, et le globe de la terre suspendu sur ma tête à cette partie de l'Olympe d'où tes légions ont été précipitées, sont un second démembrement de mes Etats; si c'est là l'objet de ton voyage, tu n'es pas éloigné du terme : l'ennemi nous menace de près. Voilà ta route; suis-là: vole, combats, triomphe. Le dégât, la ruine et le désordre, sont les seuls objets de mes vœux.

Il finit. Satan ne s'arrêta point à répliquer; mais ravi de se trouver si près de son but, il reprend de nouvelles forces, et transporté de joie, il perce comme une pyramide de feu dans la vaste immensité; il se fait jour à travers les éléments dont le choc l'oppresse de toutes parts. Avec moins de danger le navire *Argo* traversa le Bosphore entre les rochers qui s'entre-heurtaient l'un l'autre; et le péril d'Ulysse ne fut pas si grand, quand posté fièrement sur le pont de son vaisseau, il évita Charybde, et se vit prêt à périr dans l'autre gouffre. Tout le traverse, il triomphe de tout; mais après qu'il eut séduit nos premiers pères (étrange altération!) le péché et la mort suivant ardemment ses traces, construisirent un chemin ferré sur le noir abîme; alors le gouffre bouillant endura patiemment un pont qui s'étendait en longueur depuis l'enfer jusqu'à l'orbe le plus avancé de ce monde fragile. Il ser' encore aux esprits pervers de communication, pour venir tourmenter les mortels, et les forcer à leur rendre un culte divin, si les ministres du Très-Haut ne les en garantissaient.

Après tant de fatigues, le prince des ténèbres sent l'influence sacrée de la lumière. Du haut des célestes murailles un crépuscule naissant s'insinue dans le sein de l'obscure nuit. Ici commence l'empire de la nature; le

chaos se retire devant elle avec moins de tumulte et de bruit, qu'un ennemi trop faible,
n'abandonne son camp aux approches du
vainqueur. Satan vogue sur une mer plus
calme, et reconnaît sa route à la faveur
d'une lumière douteuse. Tel qu'un vaisseau
battu du gros temps, et dont les agrès et les
cordages se trouvent rompus, mouille heureusement à la rade, et attend le moment
favorable pour gagner le port : tel dans le
vide qui surmonte les airs il plane, et sans
faire presque aucun mouvement des ailes,
il considère l'empyrée. Tantôt il admire son
étendue trop vaste, pour qu'il puisse distinguer si la figure en est ronde ou carrée. Ses
tours d'opale et leurs créneaux de vifs saphirs renouvellent sa douleur. Tantôt il observe dans le voisinage de la lune le globe
terrestre inébranlablement retenu par une
chaîne d'or, et pareil à une étoile de la plus
petite grandeur.

A cette vue sa fureur se réveille, la vengeance l'entraîne, et regrettant les moments
qu'il a perdus, il continue ardemment sa
route.

FIN DU LIVRE SECOND.

LIVRE TROISIÈME

ARGUMENT

L'Éternel du haut de son trône voit Satan qui vole vers le monde nouvellement créé. Il le montre à son Fils assis à sa droite. Il lui prédit que l'homme se rendra coupable, et fait voir qu'on ne peut accuser sa justice ni sa sagesse en ce qu'il a créé l'homme libre et capable de résister à la tentation. Il déclare qu'il lui fera grâce, parce que l'homme n'est pas tombé de lui-même comme Satan, mais par séduction. Le Fils de Dieu glorifie son Père et lui rend grâce de sa bonne volonté pour le genre humain; mais le Tout-Puissant lui témoigne que la justice divine veut une satisfaction; que l'homme a offensé la Majesté Suprême en aspirant à son rang, et qu'ainsi il doit mourir avec toute sa postérité, à moins que quelqu'un capable d'expier l'offense de l'homme ne subisse sa punition. Le Fils de Dieu s'offre volontairement; le Père l'accepte, consent à son incarnation, et prononce qu'il sera exalté au dessus de tous sur la terre et dans le ciel. Il commande aux saints anges de l'adorer; ils obéissent, et tous les chœurs unissant leurs voix aux doux sons de leurs harpes, célèbrent la gloire et du Père et du Fils. Satan descend sur la surface extérieure de ce monde. Il y trouve une plage nommée le Limbe de vanité. Destination de cette place. De là il passe à l'orbe du soleil. Il aborde Uriel conducteur de cette sphère lumineuse; mais avant que de le joindre il se transforme en un ange de lumière, et prétextant que le zèle lui a fait entreprendre ce voyage pour contempler la nouvelle création et l'homme que Dieu y avait placé, il s'informe du lieu de sa demeure. Après l'avoir apprise, il part et s'abat sur le sommet du Niphates.

Je te salue, sainte lumière, fille aînée du ciel, ou co-éternel rayon de l'Éternel. Puis-je sans offense te qualifier ainsi? Dieu est la lumière, et de toute éternité il a établi sa demeure dans une clarté inaccessible. Il habite donc en toi, brillant écoulement de l'essence incréée: ou veux-tu que l'on te nomme pur et céleste ruisseau dont la source est inconnue aux humains! Avant que le soleil et

que les cieux fussent créés, tu existais.
Dieu parla, et le monde sortant du sein des
eaux, et de la noire profondeur du vide, fut
couvert de ton éclat, comme d'un vêtement.
Je brûle de te rejoindre. Les royaumes sombres ne m'ont que trop arrêté; tandis que
j'employais d'autres accents que ceux de la
lyre d'Orphée pour chanter le chaos et la nuit
éternelle. Grâce à la divinité qui me pro-
tège, je suis descendu dans les espaces ténébreux, et je remonte sans aucun accident
aux lieux que tu éclaires : chose rare et difficile ! je sens la douce influence de ta lampe
vivifiante, mais tu ne te communiques point
à ces yeux affligés qui te cherchent en vain
depuis ton aurore jusqu'à ton couchant.
L'obstruction cruelle d'un mal subit les a
éteints pour toujours. Cependant frappé de
l'amour des chants sacrés, je parcours sans
cesse les lieux que fréquentent les muses,
les claires fontaines, les bocages frais, ou les
monts dont le soleil dore les sommets altiers.
Je visite surtout la sainte montagne de Sion,
et les ruisseaux qui, coulant avec un doux
murmure à travers les prés et les fleurs, la-
vent ses pieds sanctifiés. Je m'entretiens
aussi quelquefois avec ces divins favoris des
muses, Thamyris privé du jour, l'aveugle
Mæonide, Tyresie, et Phinée à qui la destinée m'égala dans le malheur : puissé-je les
égaler en renommée ! Ainsi je me repais de
pensées qui d'elles-mêmes produisent des
nombres harmonieux. Tel l'oiseau qui se
plaît à veiller chante dans les ténèbres, et
caché sous le couvert le plus sombre, compose ses airs nocturnes. Les saisons et les
années reviennent, mais le jour ne revient
point pour moi. Les riantes couleurs du soir,
et du matin ne me consolent point dans mes
malheurs. Je ne verrai plus les fleurs variées

du printemps, ni les roses de l'été. J'ignore
pour toujours le plaisir de suivre de l'œil un
troupeau bondissant dans la plaine. La
beauté du visage humain, où Dieu a lui-
même imprimé les traits de sa ressemblance,
ne me touche plus. Hélas! je suis entouré
de nuages épais : une nuit perpétuelle m'environne. Au lieu du spectacle de l'Univers,
précieux livre de nos connaissances, je n'ai
devant moi qu'un tableau informe, qu'un
plan confus des ouvrages de la nature, et la
sagesse trouve dans le plus beau de mes sens
un obstacle qui lui refuse l'entrée dans mon
âme. Lumière éternelle, répare en moi la
perte de la lumière créée, éclaire mon esprit dans toutes ses facultés, place des yeux
dans mon cœur, écarte et dissipes-en les
ténèbres, afin que je découvre et que je pro-
fère des choses que les yeux mortels n'ont
point encore vues.

L'Eternel, du haut de son trône, daigna
baisser les yeux pour contempler l'ouvrage
de ses mains et celui de ses créatures. La
sainte milice des Cieux, nombreuse comme
les étoiles, se tenait debout autour de lui et
goûtait, en le voyant, une béatitude qui dé-
passe toute expression. A sa droite était assis
son fils unique, l'expression de sa propre substance, la vive image de sa gloire. Il considéra
d'abord nos grands auteurs, seuls encore dans
l'univers. Placés au milieu du jardin de volupté, dans une solitude fortunée, ils cueil-
laient les fruits immortels de joie et d'amour,
de joie sans inquiétude et d'amour sans passion. Delà, son œil observa l'enfer et les abîmes
du Chaos. Il aperçut aussi Satan, volant vers
les limites célestes, dans l'horizon de la nuit.
Il le vit, élevé dans l'air ténébreux et tout
prêt à abattre ses ailes fatiguées et ses pieds
impatients sur la surface de ce monde, dont

l'enveloppe aride, sombre, sans firmament,
pourrait se comparer à une terre ferme et
consolidée dans un espace qui n'est ni l'air,
ni l'océan. Dieu l'observant de sa haute demeure, d'où il contemple le passé, le présent
et l'avenir, adressa la parole à son fils unique et développa, en présence des cieux,
ses connaissances éternelles.

Mon fils, que j'ai seul engendré, vois-tu
quelle rage transporte notre adversaire ? Ni
les bornes prescrites, ni les barrières de l'enfer, ni les chaînes dont il est accablé, ni le
vide immense de l'abîme ne le peuvent retenir. Il ne respire que vengeance, mais elle
retombera sur sa tête rebelle. Le vois-tu
maintenant, déchaîné, poursuivre son vol
au bord des régions de la lumière ? Il s'avance
vers le monde nouvellement créé : c'est à
l'homme qu'il en veut. Il se propose de le
détruire par force, ou, ce qui est encore plus
horrible, de le pervertir par ses artifices, et
il le pervertira. L'homme prêtera l'oreille à
ses mensonges : il ne respectera point l'unique défense que je lui ai faite, la seule preuve
que j'exige de son obéissance. Son crime entraîne sa ruine et celle de toute sa race ; à
qui en imputer la faute qu'à lui-même ? L'ingrat, il a reçu de moi des dons suffisants : je
l'ai fait juste, droit, capable de se soutenir,
quoique libre de tomber, et j'ai créé dans cet
état toutes les puissances célestes. Les esprits qui se sont soutenus, ceux qui sont
tombés, les uns et les autres ont agi librement. Sans la liberté, comment auraient-ils
pu me donner des preuves de leur soumission, de leur foi, de leur amour ? Leur obéissance passive n'eût été qu'un hommage rendu à la nécessité. Je les ai donc créés libres,
et ils ne sauraient justement accuser leur
créateur, leur état ou leur destin, comme si,

la prédestination tyrannisant leur volonté,
ils étaient déterminés par un décret nécessaire ou par la prescience suprême. Je n'ai
point de part à leur révolte, elle est unique-
ment leur ouvrage. Je sais ce qui doit arriver; mais ma prévision influe-t-elle dans
leur faute? En serait-elle moins arrivée, si
je ne l'eusse pas prévue? Ils pèchent, ayant
en eux-mêmes le pouvoir de juger et de choisir; car, je le répète, je les ai faits libres et
ils resteront libres, malgré l'esclavage même
du péché, autrement il me faudrait changer
leur nature et révoquer les décrets immua-
bles qui établissent leur liberté, tandis qu'ils
cherchent volontairement le précipice. Les
anges sont tombés de leur propre mouvement, ils se sont tentés, ils se sont corrom-
pus eux-mêmes. L'homme tombe déchu par
les premiers; c'est pourquoi l'homme trouvera grâce; les anges ne la trouveront pas:
ainsi, ma gloire éclatera dans le Ciel et sur
la Terre, par la miséricorde et la justice;
mais la miséricorde sera toujours la plus re-
marquable, et elle brillera la première et la
dernière.

Pendant que Dieu parlait, une odeur d'ambroisie remplit l'Olympe et répandit dans les
esprits bienheureux une joie inconcevable.
Son fils parut touché; dans lui brillait tout
son père, exprimé substantiellement, et sur
son front majestueux on découvrait une compassion divine, un amour sans fin, une bonté
sans mesure, qu'il confirma par ces paroles:

O mon père, que ces mots qui terminent
votre sentence souveraine sont adorables:
L'homme trouvera grâce! Aussi le Ciel et la
Terre exalteront hautement vos louanges par
des hymnes et des cantiques sacrés qui,
montant jusqu'à votre trône, vous béniront

à jamais. Se pourrait-il que l'homme fût perdu sans ressource? Le dernier et le plus cher de vos ouvrages périrait-il pour s'être laissé surprendre par une malice étrangère, quoique secondée de sa propre folie? Éloignez de vous, ô mon père, une telle volonté. Vous êtes juge de toutes vos créatures, et vous jugez toujours équitablement. Votre ennemi obtiendrait-il ainsi la fin qu'il se propose et déconcerterait-il vos desseins? Assouvira-t-il sa malice et anéantira-t-il votre bonté? S'en retournera-t-il chargé des dépouilles de l'homme et fier de sa vengeance? Traînera-t-il à sa suite dans les enfers toute la race d'Adam, corrompue par ses artifices? Voudriez-vous abolir votre ouvrage et défaire, en haine de votre adversaire, ce que vous avez fait pour vous-même? Votre grandeur et votre bonté s'y opposent.

Mon fils, en qui mon âme met toute sa complaisance, répondit l'Éternel, mon fils sorti de mon sein, mon fils, mon seul Verbe, ma sagesse, ma puissance et mon action, ta demande justifie mes décrets irrévocables; elle est conforme à mes idées. L'homme ne sera pas entièrement perdu; mais quiconque voudra sera sauvé, non par sa volonté, mais par ma grâce, librement accordée et librement employée. Je lui donnerai les moyens de se relever de sa chute, et de recouvrer la justice qu'il perdra en se rendant l'esclave du péché. Il sera encore en état de résister à son ennemi mortel; mais il faudra que, pour aider sa faiblesse, je redouble mes secours. Je veux qu'il connaisse combien sa condition est fragile depuis sa chute, qu'il doive à moi seul sa délivrance. J'en ai choisi quelques-uns par grâce spéciale, élus préférablement au reste. Tel est mon vouloir. Les autres entendront souvent ma voix, qui les appellera,

en les avertissant d'abandonner les voies de
l'iniquité, d'apaiser ma colère et de profiter
de mes dons. J'éclairerai d'une manière suf-
fisante leurs sens ténébreux ; j'attendrirai
leurs cœurs de pierre, je les inviterai sans
cesse à prier, à se repentir et à me rendre
une juste obéissance. Qu'ils se tournent vers
moi, mes oreilles et mes yeux s'ouvriront à
l'instant sur eux. Ils portent un juge au fond
de leur cœur. La conscience servira d'arbitre
entre eux et moi ; s'ils l'écoutent, s'ils en
font un bon usage, ils obtiendront lumières
sur lumières, et persistant jusqu'à la fin, ils
arriveront heureusement au port du salut ;
mais ceux qui méprisent les richesses de ma
bonté, de ma patience et de ma longue tolé-
rance, n'en goûteront point la douceur. Je
les endurcirai, je les aveuglerai, ils bronche-
ront et tomberont d'abîmes en abîmes ; voilà
les seuls que j'exclus de ma miséricorde ;
cependant tout n'est pas encore consommé,
l'homme se rend criminel par sa désobéissance. Aspirant à la divinité, il pèche contre
la souveraine majesté du Ciel, il ne lui reste
plus rien pour expier sa trahison ; mais pros-
crit, livré à la destruction, il doit mourir
avec toute sa postérité. Il faut qu'il meure
ou que la justice soit anéantie, à moins que
quelque autre, capable de réparer son offense,
ne se livre volontairement. Le plus grand
des crimes demande la plus grande des ré-
parations. Dites, célestes, puissances où trou-
verons-nous un tel amour ? Qui de vous consent à subir la mort pour racheter l'homme,
dévoué à la mort par son crime ? Quel juste
se sacrifiera pour sauver l'injuste ? Est-il
dans les cieux une si grande charité ?

Les Chœurs célestes gardèrent un profond
silence. Il ne parut, en faveur de l'homme,
ni patron, ni intercesseur, tous craignaient

d'attirer sur leurs têtes la proscription mortelle. Le genre humain sera donc livré à la
mort et à l'enfer. Non. Le fils de Dieu, en
qui réside la plénitude de l'amour divin, renouvela ainsi sa précieuse médiation :

Mon père, votre parole est prononcée,
l'homme trouvera grâce; et la grâce man-
quera-t-elle de moyens, elle qui, toujours
prête à seconder vos volontés, pénètre en
un instant jusqu'au fond des abîmes et sait
prévenir les besoins de toutes vos créatures?
Heureux l'homme qu'elle visite; mais dans
l'état de mort où le plonge le péché, comment peut-il rechercher son appui? Tout lui
manque; débiteur à la justice, il n'a ni ex-
piation ni offrande valable à présenter; re-
gardez-moi donc, je m'offre pour lui; je donnerai ma vie pour la sienne. Faites tomber
sur moi votre colère; prenez-moi pour victime; je consens à sortir de votre sein et à
me dépouiller de la gloire que je partage
avec vous. Que la mort déploie sur moi toute
sa rage, je lui abandonne tout ce qui pourra
mourir dans moi : les ombres ne me couvri-
ront pas longtemps. Par une génération éternelle, vous m'avez constitué le principe de la
vie. Vous ne me laisserez pas dans l'horreur
du tombeau et vous ne souffrirez pas que
mon âme sans tache demeure éternellement
avec la corruption; je me relèverai victorieux; mon vainqueur terrassé se verra con-
traint de lâcher sa proie. La mort sera renversée; elle s'humiliera honteusement, désarmée de son dard fatal, et moi, dans les
vastes champs de l'air, dans un noble triomphe, je conduirai l'enfer captif; en dépit de
l'enfer, j'enchaînerai pour jamais dans l'abîme
les puissances des ténèbres. Ce grand spectacle attirera sur la terre vos plus doux regards. Vous sourirez du haut des Cieux, tan-

dis que vos ennemis tomberont à mes pieds,
et que la mort, expirant sous mes coups,
comblera le tombeau par son énorme cada-
vre. C'est alors qu'après une longue absence
je rentrerai dans le Ciel, au milieu d'une
multitude infinie d'élus de toutes tribus, de
toutes nations, de toutes langues. Je con-
templerai, ô mon père, votre face adorable :
il n'y restera plus aucun nuage d'indignation; la paix et le calme y brilleront d'une
manière éclatante, la colère disparaîtra et la
joie règnera pour toujours dans votre sainte
demeure.

Il s'arrêta; mais ses regards pleins de
douceur parlaient même dans le silence et
épanchaient un amour infini pour les hommes. Son obéissance égale son amour : il
attend avec respect la décision de son auguste Père. Les esprits bienheureux furent
saisis d'une sainte horreur. Chacun cherchait en soi-même à pénétrer le sens de ces
paroles mystérieuses, quand le Tout-Puissant fit entendre ces mots :

O toi, cher et tendre objet de mes com-
plaisances, généreux défenseur de l'homme
exposé à ma vengeance, aimable pacificateur
du ciel et de la terre, tu sais combien les ouvrages de mes mains me sont précieux;
l'homme en est le dernier, mais il n'en est
pas le moins estimable à mes yeux : juge
de son prix, si je consens à te laisser partir
de mon sein et à te voir souffrir la mort
pour lui rendre la vie. Sois homme : quand
les temps seront accomplis, prends une
chair dans les chastes flancs d'une Vierge,
par une naissance miraculeuse. Sois à la
place d'Adam, quoique son fils, le chef du
genre humain. Comme tous les hommes
meurent en lui, en toi renaîtront tous les
hommes, sans toi, nul n'aura part à la vie

La contagion de son crime a gagné tous ses coupables enfants : l'application de tes mérites sauvera tous ceux qui, détachés du monde, et qui, renonçant à eux-mêmes espéreront en ta miséricorde. L'homme a péché dans Adam, l'homme dans toi satisfera pour le péché. Tu seras jugé, condamné, traîné au supplice, tu mourras; et tes frères, rachetés par l'effusion de ton sang, ressusciteront avec toi; ainsi l'amour céleste surmontera la haine infernale; mais ton abaissement jusqu'à cette nature inférieure ne te fera rien perdre de ta prééminence. En serais-tu dégradé, parce qu'assis au plus haut du trône et jouissant comme moi de la divinité, tu t'es anéanti pour sauver un monde? Ta charité, autant que ton origine, justifie que tu es mon Fils; je te reconnais à ta bonté autant qu'à ta grandeur; et pour prix de ce qu'en toi l'amour a encore plus abondé que la gloire n'abonde, ton humiliation exaltera aussi avec toi ton humanité sur ce trône : tu y prendras place en chair et tu y régneras en Dieu. Je t'ai établi, par une onction sacrée, roi universel. Je te donne tout pouvoir, règne pour jamais. Prends le sceptre. Sous toi, comme chef suprême, je réduis les trônes, les principautés, les puissances et les dominations. Tous genoux fléchiront devant toi, dans le ciel, sur la terre et dans les enfers. Un jour viendra que, glorieusement accompagné, tu paraîtras dans les nues, et que tu enverras en ton nom les archanges, tes hérauts, pour citer les nations devant ton tribunal redoutable. A ton premier signal, elles se réveilleront de leur sommeil, et des quatre parties du monde les vivants et les morts viendront se présenter pour subir tes jugements souverains. Alors, en présence des saints rassemblés, tu préci-

piteras les hommes réprouvés, et les anges
perfides, accablés par tes arrêts irrévocables, fondront devant toi comme la neige à
l'aspect du soleil. La mesure étant comble,
l'enfer sera scellé pour jamais; cependant le
monde brûlera, et de ses cendres sortiront
un nouveau ciel et une terre nouvelle. Les
justes verront, après leurs longues tribula-
tions, des siècles d'or, dont tous les jours
seront fortunés. L'on y verra regner à l'envi
les doux plaisirs, l'amour innocent et l'aimable vérité. Tu déposeras en ce jour les
marques terribles de ma puissance', la force
ne sera plus nécessaire, je serai tout en tous.

O vous, mes fidèles sujets, célébrez celui
qui meurt volontairement pour consommer
ces merveilles. Adorez-moi dans mon Fils,
adorez mon Fils en moi.

Les bienheureux, pénétrés de joie, se li-
vrent aux plus vifs transports. Malgré la
force de leurs acclamations, semblables à
celles d'une multitude infinie, on sentait
cette douce mélodie qui distingue la voix
des immortels. Le ciel fut rempli de saintes
réjouissances et les régions éternelles retentirent de cantiques éclatants. Inclinés profondément vers les trônes divins, ils y dépo-
sèrent leurs diadèmes tressés d'or et d'amarante. Aimable amarante, au temps de
l'innocence, tu te levais dans Eden autour
de l'arbre de vie; mais après l'offense de
l'homme, tu disparus de la terre, et retirée
dans le ciel, au lieu de ton origine, tu ne
fleuris plus que pour les prédestinés. C'est là
que ta glorieuse tige couvre de son ombre
agréable les sources de la vie, et ces lieux
charmants où le fleuve de délices entretient,
par sa douce fraicheur, les plantes vivi-
fiantes dont ses rives sont embellies ; les
esprits célestes joignent à l'éclat de leurs

tresses rayonnantes ta pourpre immortelle. La surface de l'empyrée, qui luisait auparavant comme une mer de jaspe, reçut de ces guirlandes un nouvel honneur.

Après cet acte d'adoration et d'hommage, ils reprirent leurs couronnes : ils portèrent la main à leurs harpes mélodieuses, harpes d'or que, telles qu'un carquois, une écharpe brillante suspend à leurs côtés. Ils commencèrent leurs chants sacrés : nulle voix ne fut en silence; on entendit de toutes parts des accords parfaits. Le ravissement accompagne toujours l'harmonie des cieux.

Ils te chantèrent d'abord, Père tout-puissant, immuable, immortel, infini, monarque éternel, principe de tout être, source intarissable de lumière, invisible au milieu de la splendeur où tu résides sur un trône inaccessible. Qui pourrait soutenir ta présence, si tu ne daignais en modérer l'éclat! Ta gloire fend les nues rassemblées autour de toi comme un voile magnifique, pour laisser entrevoir aux faibles créatures les extrémités de tes rayons qui, même à travers l'ombre, éblouissent encore les cieux. Les séraphins se couvrent de leurs ailes et n'osent t'approcher. Ils te chantèrent ensuite, toi qui précédas toute création, Fils éternellement engendré, divine représentation, où le Père tout-puissant, que nulle créature ne peut envisager, se manifeste sans aucun nuage. Sur toi imprimée réside la splendeur de sa gloire. En toi transmis repose son vaste esprit. Par toi il a créé les cieux des cieux et toutes les puissances qu'enserre leur étendue. C'est par toi qu'il a renversé les dominations ambitieuses. En ce jour tu n'épargnas pas le foudre redouté de ton Père, et les roues de ton char flamboyant firent trembler la structure éternelle des cieux, tandis que tu lançais tes traits sur les têtes rebelles des anges en déroute. Au retour du combat, tes heureux sujets firent tout retentir de leurs acclamations : ils te reconnurent pour seul héritier de la puissance de ton père, pour l'exécuteur de ses vengeances et pour le rédempteur des hommes. Père de miséricorde et de grâce, c'est en faveur de ce Fils bien-aimé que tu as désarmé ton bras. Tu flottais entre la justice et la miséricorde. Ton Fils a fait triompher ta bonté en satisfaisant ta justice; et sans considérer la félicité dont il jouissait assis à ta droite, il s'est sacrifié pour l'homme. O amour sans exemple! un Dieu seul pouvait en être le modèle. Je te salue, Fils de Dieu, sauveur des hommes, désormais je consacre mes chants à célébrer ton nom adorable; et tes louanges, inséparables de celles de ton Père, formeront sur ma harpe un concert éternel.

Ainsi les heures s'écoulent au-dessus de la sphère étoilée. Les habitants du ciel chantent de saints cantiques et se réjouissent en Dieu. Satan arrive; il descend sur la première convexité qui renferme la terre, les planètes et les cieux matériels. Cette voûte solide, malgré la hardiesse de son cintre prodigieux, sépare du chaos les orbes inférieurs et leur sert de rempart contre les irruptions de l'ancienne nuit. De loin il avait cru découvrir un globe d'une grosseur médiocre; maintenant, il voit un continent immense, sombre, stérile, sauvage, sans étoiles, exposé aux ténèbres affreuses de la nuit et aux tempêtes menaçantes du chaos bruyant. Le trouble et l'horreur en forment la perspective : le seul côté qui regarde l'empyrée jouit d'une faible lumière et ressent quelques influences plus douces.

Le tyran des enfers mesurait librement ces vastes contrées. Tel un vautour de l'Imaüs, dont le sommet couvert de neige borne le Tartare vagabond, quitte une province dépeuplée, pour aller se repaître de l'agneau bêlant et du tendre chevreau sur les monts favoris des Bergers, fendant le vague des airs, il vole vers les sources du Gange ou de l'Hydaspe, fleuves indiens, et s'abat en chemin dans les arides plaines de Séricanes, où l'industrieux Chinois se sert de la voile et des vents pour faire couler sur le sable ses légers chariots de canne. Tel sur cette surface inconnue au-delà du monde, le prince des ténèbres, solitaire et rêveur, tournait en cherchant sa proie.

Ces lieux étaient alors déserts, rien n'y avait pénétré; mais aussitôt que la vanité criminelle se fut emparée du cœur des mortels, les fantômes et les chimères, légers enfants du délire, y montèrent comme une fumée.

Là se rassemblent toutes nos illusions. Là, ces esprits vides et orgueilleux, qui se bâtissent des fortunes au gré de leurs désirs, et qui aiment à se mentir à eux-mêmes, portent les tributs de leurs folles pensées. Là se terminent la gloire, la renommée, et la félicité de ceux qui cherchaient par des voies détournées leur bonheur dans cette vie, ou dans l'autre. Les sectateurs du fanatisme, les esclaves de la superstition, les hypocrites qui se contraignent pour avoir ici-bas leur récompense, et qui n'aspirent qu'à la louange des hommes, au bout de leur carrière, y trouvent une rétribution convenable et vide comme leurs œuvres. Cette plage est destinée aux ouvrages imparfaits, monstrueux ou bizarres de la nature. Après avoir rempli leur temps sur la terre, ils s'en vont dans

les confins du néant. La Lune ne les attire
point dans ses vallons, comme l'ont cru quelques-uns. Ses champs argentins possèdent,
suivant toute apparence, des habitants plus
parfaits, des esprits plus épurés, ou des créatures qui tiennent un milieu entre la nature
des anges et celle des hommes.

Dans ces vagues régions passèrent ces
horribles fruits d'unions mal assorties, ces
géants de la terre, si renommés par de vains
exploits; l'on y voit les entrepreneurs de
Babel, sur la plaine de Sennaar, remplis de
leurs projets frivoles; ils bâtiraient encore
de nouvelles tours, s'ils ne manquaient de
matériaux.

D'autres s'y rendirent séparément. Empé-
docle qui, pour être estimé un Dieu, se précipita follement dans les flammes de l'Etna.
Cléombrote qui, pour jouir de l'Elysée de
Platon, se jeta dans la mer, et plusieurs autres, dont le détail serait trop long. Ici se
trouvent les misanthropes, les imposteurs,
les augures, les gymnosophistes, les tala-
poins, les bonzes et les brachmanes avec
toutes leurs supercheries. Ici rôdent ces pè-
lerins insensés, qui par de folles caravanes,
croyaient se frayer un chemin à des joies
sensuelles, et ceux qui, comptant sur l'apo-
théose au milieu des assauts de la mort, se
flattaient d'aller tenir un rang parmi les
dieux. Ils passent les sept planètes, les étoiles
fixes, et cette sphère cristalline dont la balance forme ce branle de trépidation sur lequel on a tant disputé; et s'imaginant qu'au-
delà de ce dernier Ciel, qui communique son
mouvement aux autres, une divinité les
attend pour les introduire dans l'Olympe, ils
lèvent le pied sur les célestes degrés : tout
à coup un violent tourbillon souffle de l'un
ou de l'autre pôle, et les jette dix mille lieues

à la renverse, pirouettant par le vague de l'air. Alors vous pourriez voir les ressources de la folle crédulité, talismans, amulettes, anneaux constellés, pagodes, idoles et leurs adorateurs, culbutés, mis en pièces, et servant de jouet aux vents. Leur nature les emporte au delà du monde, dans un vaste limbe, nommé le Paradis des insensés, alors désert, depuis peuplé d'une infinité de sujets.

Sur son passage, le tyran infernal rencontra ce globe ténébreux : il y tournoya longtemps, jusqu'à ce qu'un rayon de lumière l'attira du côté d'où il paraissait naître.

Il aperçut des degrés superbes, qui conduisaient au céleste portail. Son admirable structure enrichie d'or, de perles et de diamants, ne connaît rien d'égal. Jamais les frontispices des palais des rois n'en approchèrent : ni modèles, ni pinceaux, ni paroles n'en peuvent exprimer la magnificence. Ces degrés étaient les mêmes que ceux sur lesquels Jacob vit monter et descendre les anges et les célestes cohortes, quand évitant Ésaü, et dirigeant sa fuite vers Padan-Haran, dans les champs de Luz, il s'endormit sous la voûte étoilée, et cria en s'éveillant : « C'est ici la porte des Cieux. » Chaque marche figurait un mystère, et quelquefois se dérobant aux yeux, elle rentrait dans l'Olympe. On voyait couler au-dessus un océan de jaspe ou de perles liquides, que traversent heureusement ceux qui se rendent au Ciel, enlevés par les anges, ou transportés dans un char tiré par des coursiers de feu. L'échelle était alors placée, soit pour braver l'ennemi, en lui facilitant les moyens de s'approcher, soit pour augmenter sa peine, en lui laissant voir les portes de la béatitude.

A ce riche portail, répondait une route qui descendait aux jardins délicieux du paradis

d'Eden et de là au reste de la terre. Le chemin était spacieux et bien plus large que
celui qui fut percé, dans les temps suivants,
au dessus du mont Sion, et de la terre pro-
mise, où Dieu signala ses faveurs. Il surpassait en étendue cette partie du Ciel, toute
vaste qu'elle est, par où ses anges allaient
fréquemment porter aux heureuses tribus
les messages du Tout-Puissant, et par où
son œil regardait avec prédilection depuis
Paneas, la source du Jourdain, jusqu'à Ber-
sabée, où la Terre-Sainte confine à l'Egypte
et à la côte d'Arabie. Tello était cette profondeur où la main de l'Eternel avait posé les
bornes des ténèbres, comme les digues qui
répriment les flots de l'Océan.

Satan s'arrêta sur la marche inférieure de
de ce degré, il jeta les yeux en bas et fut
rempli d'admiration en découvrant subitement l'Univers. Ainsi, après avoir marché
toute la nuit par des routes écartées, un
espion qui se trouve à la pointe d'un crépuscule réjouissant, sur le sommet d'une haute
montagne, est frappé de surprise à la vue
d'une terre inconnue, ou de quelque fameuse
métropole ornée de tours et de pyramides remarquables, que le soleil levant dore de ses
rayons, de même l'esprit malin fut saisi d'é-
tonnement et plus encore d'envie en voyant
ce monde si parfait. Enchanté, ravi, quoiqu'il eût autrefois habité le brillant séjour
des cieux, il contemple ce nouvel objet : il le
pouvait aisément, de ce poste élevé, où les
voiles de la nuit ne sauraient atteindre. Il
observe depuis la partie orientale de la Balance jusqu'à la constellation du Bélier, que
l'on croit avoir transporté la fille de Céphée
par dessus les mers Atlantiques au delà de
l'horizon. Après avoir porté ses regards d'un
pôle à l'autre, il précipite dans la sphère la

plus elevée son vol rapide; et perçant aisément à travers l'air pur et fluide, il s'avance
parmi des astres innombrables, qui brillaient
de loin comme des étoiles, mais qui de près
semblaient ou d'autres mondes, ou les îles
fortunées des Hespérides : îles trois fois heureuses, il admira vos plaines aimables, vos
charmants bocages et vos vallées fleuries;
mais il ne s'arrêta pas pour s'informer des
créatures qui ont le bonheur de vous habiter.

Par dessus tout, le soleil, qui par sa splendeur ressemble le plus au séjour des bienheureux. le frappa.

Il y tourna ses pas au travers du firmament toujours serein : l'on ignore si ce fut en
tenant le haut, ou le bas, le centre, l'excen-
trique ou les longitudes qu'il arriva au lieu
où le grand flambeau du jour dispense au
loin la lumière. Astre majestueux, tu domi-
nes sur la foule des constellations qui se
tiennent à une distance convenable de ton
globe radieux. Cependant, les planètes poursuivant avec un ordre inviolable leurs célestes mouvements, mesurent, de concert avec
toi, les jours, les mois et les années, et se
tournent perpétuellement vers ta lampe qui
récrée tout, ou plutôt elles sont mues, dans
leurs orbites, par tes rayons magnétiques.
Divin Soleil, c'est toi dont la chaleur bien-
faisante anime la nature, et qui, portant de
tous côtés une vertu invisible, pénètres doucement jusqu'aux entrailles de la terre : ta
grandeur et ta distance ont été sagement
mesurées.

Le prince des ténèbres descendant sur son
globe, y fit une tache, telle que peut-être nul
astronome au travers de ses tubes optiques
n'en vit jamais de semblable. Il trouva sa
matière infiniment plus brillante que tout ce

qu'on peut imaginer sur la terre, métaux ou
pierres précieuses. Toutes ses parties n'é-
taient pas semblables, mais toutes élançaient
pareillement la lumière, comme le fer lorsqu'il est pénétré du feu le plus ardent. Si
nous comparons cette matière au métal, elle
semblait, partie d'or, partie d'argent; si on
la compare aux pierres précieuses, elle ressemblait à l'escarboucle, à la chrysolite, au
rubis, à la topaze, ou à ces douze pierreries
qui brillaient sur le pectoral d'Aaron. Ainsi
nous figurons-nous encore cette composition
que les philosophes recherchent vainement,
quoiqu'ils aient poussé le grand art jusqu'à
fixer le mercure volatil, et qu'ils fassent sortir de l'Océan, sous des formes différentes le
vieux Protée, desséché et réduit par l'alambic
à sa forme naturelle. Faut-il s'étonner que ces
hautes régions produisent un élixir si pur, et
que les rivières y roulent un or potable
quand par une touche pleine de vertu, ce
grand alchimiste, le Soleil, si éloigné de nous,
forme d'un mélange de parties aqueuses et
terrestres, dans le sein de l'obscurité, tant de
choses d'une couleur si vive, d'un prix si
rare et d'un effet si surprenant.

La splendeur de ce lieu n'éblouit point Satan, il promène ses regards de tous côtés,
son œil commande au loin. La vue ne rencontre point ici d'obstacle ni d'ombrage, tout
y brille de lumière : ainsi le soleil, passant
par le méridien, frappe de ses rayons cer-
tains lieux situés sous la ligne, et n'y laisse
point d'ombre; ses feux dardaient ici de toutes
parts, sans être interrompus par la rencontre
d'aucun corps opaque; et l'air plus serein
qu'en aucun lieu du monde, semblait rapprocher les objets les plus éloignés.

Il y découvrit bientôt un ange glorieux, le
même que le disciple chéri du Seigneur vit

aussi dans le soleil. Son dos était tourné, mais sa gloire n'était point cachée. Une tiare d'or et de rayons brillants ceignait son front. Sa chevelure admirable flottait sur ses épaules, relevées d'ailes superbes. Il semblait occupé de quelque grande affaire, ou absorbé dans ses pensées profondes. L'esprit impur se réjouit dans l'espérance de trouver à cette heure un guide pour diriger son vol vers le paradis, demeure fortunée de l'homme: ce devait être là le terme de ses fatigues et le commencement de nos maux. Il quitta ce qui pouvait le retarder ou le faire reconnaître; le voilà transformé en chérubin du second ordre. La jeunesse céleste brille sur son visage et répand sur chaque partie de sa personne des grâces infinies; rien ne manque à son déguisement. Ses cheveux ondoyants sous une couronne, badinent au gré des zéphyrs; les plumes de ses ailes sont de différentes couleurs parsemées d'or. Ses vêtements retroussés conviennent à un voyageur. Il s'avançait d'un pas majestueux tenant à la main une baguette d'argent.

L'ange de lumière entendit le bruit de sa démarche, il se tourna vers lui, et fut aussitôt reconnu pour l'archange Uriel, un des sept qui assistent sans cesse devant le trône de Dieu, prêts à recevoir ses ordres. Ils sont comme les yeux du Tout-Puissant qui percent dans toute l'étendue des cieux. Ils portent encore ici-bas ses rapides messages à travers les vastes champs de l'air, de la mer et de la terre: Satan l'aborde, et lui parle ainsi:

Uriel, j'ai recours à toi. Tu es le premier entre les sept esprits qui se tiennent toujours devant la face de Dieu, pour annoncer ses grandes volontés dans le ciel, où tous ses enfants sont prêts à obéir aux ordres que tu leur portes. La fonction que tu fais ici est convenable à ton rang. L'Éternel t'a préposé comme un de ses yeux pour veiller sur le globe dominant de cette nouvelle création : j'ai un désir extrême de voir et de connaître ses ouvrages. L'homme surtout, sa plus chère créature, pour qui ces merveilles ont été faites, excite ma curiosité; c'est pour la satisfaire que j'ai quitté le chœur des chérubins, et que j'ai entrepris seul un si long voyage; apprends-moi, Séraphin glorieux, quel de ces orbes brillants est la demeure fixe de l'homme, ou n'en a-t-il point de fixe, et peut-il à son gré s'établir dans telles de ces sphères qu'il lui plaît? Dis-moi où je le pourrai trouver, afin que je regarde en secret, ou que j'admire ouvertement celui à qui le grand monarque a livré des mondes entiers, celui enfin sur qui il a versé tant de grâces : il est juste qu'on adore le Créateur dans l'ouvrage de ses mains. Sa justice a banni ses rebelles ennemis : sa bonté pour réparer leur perte a créé les hommes. Toutes ses vues sont sages.

L'imposteur parla de la sorte, et son zèle parut sincère. L'homme et l'ange ne sauraient discerner l'hypocrisie : elle parcourt la terre sans être connue que de Dieu. En vain la sagesse veille, le soupçon s'endort souvent à sa porte, et la simplicité, toujours prête à juger favorablement, ne suppose point de mal où il n'en paraît point. Ce fut ainsi qu'Uriel, ce sage conducteur du soleil, cet esprit l'un des plus éclairés du ciel, donna dans le piège. Bel ange, répondit-il au perfide séducteur, ton désir, qui tend à connaître les ouvrages de Dieu, pour glorifier par là le grand ouvrier, ne te jette point dans un excès blâmable. L'entreprise même est d'autant plus louable, qu'il y a plus de

zélé à être ainsi venu seul des demeures em-
pyrées pour t'assurer, par le témoignage de
tes propres yeux, de ce que d'autres se con-
tentent de savoir par l'organe de leurs
oreilles. Ses œuvres sont en effet merveil-
leuses, charmantes à connaître, et dignes
d'une attention perpétuelle; cependant quel
esprit créé peut comprendre la nature, la
variété de ses ouvrages ou la sagesse infinie
qui les a produits. J'ai vu s'assembler à sa
seule parole la masse informe, origine ma-
térielle de ce monde. Le chaos entendit sa
voix, le désordre tumultueux s'apaisa, et le
vaste infini fut limité. Il parla de nouveau,
l'obscurité s'enfuit, la lumière brilla, l'ordre
sortit du sein même de la discorde. Suivant la différente gravité des éléments, la
terre, l'eau, l'air et le feu se rangèrent en
hâte au lieu de leur destination. La quintessence subtile des cieux prit le dessus; animée de diverses formes qui remplirent plusieurs tourbillons, il en sortit ces astres
nombreux déterminés au mouvement que tu
vois. Chaque étoile eut sa place marquée,
chacune eut sa route à décrire. Le reste,
comme un mur solide, environne cet univers. Jette les yeux sur ce globe, dont la
partie qui nous regarde brille de la lumière
que je lui envoie : ce globe est la terre destinée à l'homme. Cette lumière forme son
jour. Sans elle, la nuit soumettrait à son empire cet hémisphère, comme elle travaille à
soumettre l'autre; mais la lune, ce bel astre
que tu vois vis-à-vis, se tient toujours à
portée de s'opposer à ses desseins. Dans
cette vue elle fait sa ronde tous les mois, et
la recommence exactement dans la carrière
des cieux; suivant ses diverses positions, sa
figure triforme se vide et se remplit d'une
lumière empruntée qu'elle dispense à la

terre, tandis qu'elle chasse la nuit avec son sceptre d'argent. Observe ce terrain, c'est le paradis, d'Adam. Ces ombrages élevés lui servent de berceau : tu ne peux manquer ton chemin ; mon emploi demande ici ma présence.

A ces mots il se tourna d'un autre côté. Satan s'inclina profondément devant le grand archange, suivant l'usage établi parmi les esprits célestes, qui ne négligent point entre eux l'honneur qu'exige la différence des rangs. Il partit aussitôt de l'Eclyptique, et formant dans les airs plusieurs orbes, il s'abattit sur le sommet du Niphates.

FIN DU LIVRE TROISIÈME

LIVRE QUATRIÈME

ARGUMENT

La vue d'Eden et du lieu où Satan doit exécuter l'attentat qu'il a projeté contre Dieu et contre l'homme, commence à l'intimider. Il se trouve agité de plusieurs passions, d'envie, de crainte et de désespoir; mais il se confirme dans le mal, et s'avance vers le paradis. Description de la montagne au haut de laquelle il est situé. Il franchit tous les obstacles, se transforme en vautour et se perche sur l'arbre de vie qui s'élevait au dessus de tous. Peinture de ce jardin délicieux. Satan considère Adam et Eve. La noblesse de leur figure et le bonheur de leur état le frappe d'étonnement. Il persiste dans la résolution de travailler à leur ruine. Pour les mieux connaître, il épie en secret leurs discours. Par ce qu'il leur entend dire, il apprend qu'il leur était défendu sous peine de mort de manger du fruit de l'arbre de la science. Il fonde là-dessus le plan de sa tentation, et se propose de les engager à désobéir. Il diffère son attaque, afin de s'instruire plus particulièrement de leur état avant que de rien entreprendre. Uriel descendant sur un rayon de soleil avertit Gabriel, à qui la garde des portes du paradis était confiée. Il lui fait entendre qu'un esprit infernal s'était échappé, qu'il avait passé vers l'heure du midi par sa sphère, sous la forme d'un ange heureux qui s'était transporté au paradis, et que ses gestes furieux sur le mont l'avaient trahi. Gabriel promet de le trouver avant le lever du soleil. Adam et Eve s'entretiennent ensemble, et se retirent à la fin du jour pour goûter les douceurs du sommeil. Description de leur berceau. Leur prière du soir. Gabriel fait faire la ronde aux esprits qui étaient de garde, et il détache deux anges vers le berceau d'Adam, de peur que le malin esprit n'entreprenne quelque chose contre nos premiers pères, sans défense pendant leur repos. Ils le trouvent à l'oreille d'Eve occupé à la tenter dans un songe, et ils l'amènent de force vers Gabriel. Il répond fièrement et se prépare au combat; mais effrayé par un signe du ciel, il s'enfuit hors du paradis.

Plût à Dieu que nos premiers pères eussent entendu cette voix dont il est parlé dans la révélation du disciple bien-aimé; voix qui criait avec force dans le ciel : Malheur aux habitants de la terre! voix prophétique qui annonçait que le dragon mis en déroute, allait rentrer en lice pour se venger sur les hommes; ils se seraient peut-être préservés des pièges qu'il venait de tendre à leur innocence.

A la vue des lieux qui doivent être le théâtre de sa fureur, le prince des démons sent chanceler son audace : son cœur s'émeut comme les eaux qu'un feu violent agite, et l'instant décisif de l'action le fait reculer sur lui-même, comme une machine infernale au moment qu'elle vomit ses feux. L'horrible incertitude le déchire : sa propre conscience irritant son désespoir, lui présente l'affreux contraste de ce qu'il était, de ce qu'il est, de ce qu'il doit être encore, et lui fait envisager un surcroît de châtiment dans un surcroît de crime. Tantôt il tourne ses tristes regards vers les charmantes plaines d'Eden. Tantôt il contemple avec regret le ciel, et l'orbe du soleil dans sa plus vive splendeur:

O toi dont le front glorieux fait pâlir les étoiles et représente le souverain du monde, Soleil, apprends toute l'horreur que j'ai pour toi. Ton éclat me rappelle le triste souvenir de la gloire que je possédais au-dessus de ta sphère, avant que l'orgueil et la plus détestable ambition m'eussent armé contre le roi des cieux. Devait-il s'attendre à un tel retour de ma part, après m'avoir créé, après m'avoir placé au plus haut degré d'élévation? Il ne me reprochait aucun de ses bienfaits. Il ne se lassait pas de répandre sur moi les trésors de ses faveurs; je me suis lassé de lui témoigner ma reconnaissance. Qu'exigeait-il, que des sentiments de gratitude pour les biens dont il me comblait! Funestes biens, ils sont cause de ma perte. La sublimité de mon rang m'a fait oublier toute subordination. Si j'eusse été moins proche du trône, je n'aurais pas conçu des désirs effrénés; l'espérance d'y monter n'aurait point nourri ma folle ambition. Mais non, quelqu'autre puissance égale à moi aurait pu aspirer à la monarchie suprême, et m'engager dans son parti. Que dis-je, mes égaux sont-ils tous tombés? Malheureux, avais-tu la même liberté, les mêmes moyens pour te soutenir? Oui, tu les avais. Sur qui donc, ou sur quoi peux-tu rejeter ta faute? L'amour du Créateur répandit sur nous une égale mesure de grâces. Que son amour soit maudit : son amour, aussi fatal pour moi que sa haine, creusait les précipices où je suis tombé. Ah! plutôt sois toi-même maudit. Tu ne peux imputer tes malheurs qu'à ta volonté dépravée. Où pourrai-je me mettre à couvert de son juste courroux? Où pourrai-je me sauver de mon propre désespoir? Je porte l'enfer partout, et je trouve dans mon cœur un vide encore plus affreux, un abîme encore plus profond que tous les abîmes où je me vois plongé. Change donc, s'il t'est possible de changer; repens-toi si tu peux te repentir. N'y a-t-il plus de jour à la miséricorde? Il n'y en a que par la soumission, et l'orgueil me défend d'y penser. De quel œil me regarderaient les guerriers de mes armées? je dois les affranchir du joug du Tout-Puissant. C'est à cette condition qu'ils se sont rangés sous mes étendards. Hélas! ils connaissent peu à quel point je suis humilié, malgré les honneurs qu'ils me rendent. Le diadème que je porte me dévore; et si je surpasse les autres en quelque chose, ce n'est que dans la misère. Voilà le prix de mon ambition; mais si je me repentais, si j'obtenais la grâce de rentrer dans mon premier état. Insensé! ne vois-tu pas que la même élévation réveille-

rait dans toi le même orgueil? Au faîte de la
gloire, tu rétracterais des serments arrachés
par la douleur. Le souvenir des cruautés
passées de mon tyran me révolterait toujours. J'attaquerais encore; je succomberais
de même. Ma seconde chute n'en serait que
plus fatale. Renonçons à lui demander la
paix, il a renoncé à me l'accorder. Plus de
grâce à espérer. Nous sommes bannis, exilés,
tourmentés : nos places, il les a destinées à
l'homme, nouvel objet de ses délices. Adieu
donc espérance, adieu crainte, adieu remords.
L'Eternel est le dieu du bien, soyons le dieu
du mal; l'empire sera ainsi partagé entre
nous. J'aurai comme lui mes autels dans le
monde : l'homme sera ma victime.

Tandis qu'il roule ces pensées, diverses
passions éclatent tour à tour sur son visage.
La fureur, l'envie et le désespoir lui firent
trois fois changer de couleur, et l'auraient
découvert, malgré son déguisement, à des
yeux attentifs. Jamais le front des bienheureux n'est couvert de nuages. Il en sentit la
conséquence, et se composant avec art, il
cacha ses émotions sous l'apparence d'un
calme parfait. Artisan de fraude, il sut le
premier se déguiser sous le masque du zèle,
pour exécuter plus sûrement ses criminels
desseins; mais tout habile qu'il était, il ne
put longtemps tromper Uriel. Cet esprit vigilant l'avait conduit de l'œil jusque sur le
mont Sirien, et il avait aperçu dans lui des
transports inconnus aux esprits de la fidèle
hiérarchie. Il avait remarqué des gestes furieux et des mouvements de violence qui lui
étaient échappés pendant qu'il se croyait seul
et sans témoins.

Cependant Satan poursuivant sa route, s'a-
vance dans les plaines d'Eden. Au milieu
d'un pays délicieux, il voit un mont su-

rbe, dont la cîme sourcilleuse se perd
ans les nues : des buissons incultes et sauvages en défendent l'abord.

Ces buissons étaient surmontés par une
agnifique futaie de cèdres, de pins, de sains et de palmiers, dont les rameaux s'em-
rassant les uns les autres, présentaient
ux yeux une scène ravissante. Leurs rangs,
isposés comme par étage, formaient un superbe amphithéâtre.

Au-dessus de ces bois enchantés, s'élevaient les sommets du paradis. Du centre de
ce beau séjour, plus éminent que tout le
reste, notre premier père pouvait librement
promener sa vue jusque dans son bas empire.

Des arbres sans nombre, chargés en toute
saison de fleurs et de fruits, décoraient l'enceinte intérieure. L'or de leur coloris, mêlé
d'une infinité de douces nuances, charmait
le soleil : il semblait prendre plus de plaisir
à porter ses rayons sur leurs surfaces fleuries, qu'à se peindre lui-même dans les nuages
d'une belle soirée ou à varier les couleurs de
l'arc-en-ciel.

Tel était la beauté de ce paysage. L'air
qui se purifiait de plus en plus à mesure que
l'on avançait, inspirait au cœur des plaisirs
capables d'écarter toute tristesse, et même
le désespoir, si quelque chose pouvait adou-
cir un désespoir éternel. Les doux zéphyrs
agitant leurs ailes odoriférantes, dispen-
saient à l'envi les parfums naturels, et di-
saient en murmurant où ils avaient dérobé
ces dépouilles embaumées.

Ainsi quand des marins font voile au delà
du cap de Bonne-Espérance, et qu'ils ont
passé Mozambique, le vent du nord-est leur
souffle en pleine mer de la côte aromatique
de l'Arabie heureuse, les parfums de Saba :

Ils ralentissent leur course, pour les goûter à longs traits et pendant plusieurs milles, réjouis de l'odeur gracieuse : le vieil Océan sourit ; de même ces douces vapeurs accueillirent le monarque funeste qui venait pour les empoisonner. Avec une impression bien différente, Asmodée sentit la fumée de ce poisson qui lui fit abandonner la femme du fils de Tobie en fuyant du pays de Mèdes, jusque dans le désert de la haute Egypte, où Raphaël le saisit et le chargea de chaînes.

Enfoncé dans une rêverie profonde, Satan marche à pas lents. Il arrive au pied de la sainte montagne : soudain il se voit arrêté. Les arbrisseaux et les buissons entrelacés sous les arbres, fermaient pour lors tous les chemins qui avaient donné passage à l'homme ou aux animaux.

Il n'est qu'une seule porte du côté de l'Orient. Le prince des démons s'en aperçoit : il dédaigne l'entrée ordinaire ; par mépris il franchit d'un saut léger la contrescarpe de de la montagne, et retombe dans l'intérieur de ce lieu de délices.

Tel un loup carnassier, que la rage et la faim chassent du fond des forêts pour chercher sa proie, s'élance dans l'enceinte où les bergers sur le soir au milieu des champs, retranchent leurs timides troupeaux ; ou tel le soldat altéré de carnage et de sang dans un jour de surprise, escalade une ville abandonnée au meurtre et au pillage. Ainsi cet insigne brigand viola les barrières des jardins sacrés. Ainsi d'infâmes mercenaires entrent sans mission dans l'église du Seigneur.

Il dirigea son vol sur l'arbre de vie qui se distinguait entre tous au milieu du paradis ; il s'y arrêta sous la forme d'un vautour. Ce ne fut point pour y chercher une le nouvelle; occupé de l'unique projet d'introduire la mort, il n'envisagea que la hauteur de cet arbre, et ne considéra point l'utilité de son fruit, qui pouvait donner une heureuse immortalité; tant il est vrai que souvent on ignore le juste prix d'un bien qui se présente, et que la passion convertit en poison ce qu'il y a de plus excellent. Satan contemple avec admiration les beautés de la nature, toutes rassemblées dans un petit espace, toutes destinées aux délices de l'homme. Il voit un paradis sur la terre : ce séjour délicieux était le jardin du Très-Haut, il l'avait planté lui-même à l'Orient du pays d'Eden, qui s'étendait depuis Auran jusqu'aux lieux où les monarques de la Grèce élevèrent longtemps après les royales tours de Séleucie, et jusqu'en Thelassar, où les fils d'Eden habitèrent avant les successeurs du grand conquérant de Macédoine. Tout était de l'ordonnance d'une main éternelle.

Dans ce terrain fertile croissait tout ce qui peut flatter la vue, l'odorat et le goût. Au milieu s'élevait l'arbre de vie, d'où découlait l'ambroisie d'un or liquide. Non loin était l'arbre de la science du bien et du mal, science qui nous coûte si cher, arbre fatal dont le germe a produit la mort.

Une large rivière tirant vers le midi, parcourait la campagne d'Eden, et passait sous le mont que le Seigneur avait fondé au commencement des temps; mais elle ne se perdait que pour devenir plus utile. Une partie des eaux se relevant d'une manière surprenante (la nature ne sait point résister au Créateur) produisait au haut de la montagne une source abondante. Son onde claire et pure se partageait en une infinité de bras, faisait mille détours dans ces jardins aimables, et se réunissait enfin pour faire une

cascade superbe. On la voyait se précipiter
à gros bouillons dans le fleuve souterrain,
qui sortant de son lit ténébreux, réparais-
sait dans toute sa magnificence, et se divi-
sait en quatre grands fleuves.

Je n'entreprendrai pas de décrire ici les
empires et les pays qu'ils traversent ; j'expri-
merais plutôt, s'il était possible, comment
sur les perles orientales et sur un sable d'or
les ruisseaux argentins qui provenaient de
cette fontaine de saphir, serpentaient au-
dessous des arbres, et roulaient leurs flots
de nectar, visitant chaque plante, et nourris-
sant des fleurs dignes du paradis. L'art subtil ménage le beau ; il se plaît à faire des lits
et des compartiments curieux ; mais ici la
nature avait prodigué des beautés sans nombre sur les montagnes et dans les vallées.
Ses richesses étaient répandues avec profusion dans la campagne, que le soleil échauffe
librement de ses rayons, et dans ces berceaux épais qu'un ombrage impénétrable
rend si gracieux pendant l'ardeur du jour.

Cette heureuse et champêtre habitation
était admirablement variée pour le plaisir
des yeux. Là vous trouviez des bocages,
dont les riches arbres distillaient la myrrhe
odoriférante et des baumes précieux ! ici
vous en voyiez d'autres dont le fruit luisant
et doré charmait l'œil et le goût. Toutes les
merveilles que la fable attribue aux vergers
des Hespérides, se rencontraient réellement
dans ce jardin de volupté.

Entre les arbres paraissaient des espaces
riants, des collines enchantées, et des troupeaux qui paissaient l'herbe tendre. Ici un
tertre couvert de palmes, et la gorge fleurie
d'une vallée coupée de ruisseaux, exposaient
mille beautés, et c'est là que la rose était
sans épines. Là des grottes sombres offraient

retraites fraîches tapissées de vignes,
s'empressaient de livrer leurs grappes
pourpre, et qui rampaient avec une agréa-
e fécondité.

Les ruisseaux tombant avec un doux mur-
ure le long des collines, se jetaient en di-
ers canaux, ou se ramassaient en un bassin
ont la surface présentait son miroir de cris-
l à la surface des rivages couronnés de
rthes. Les oiseaux formaient un chœur
lodieux, et les zéphirs portant avec eux
s parfums des champs et des bocages,
murmuraient entre les feuilles légèrement
agitées, tandis que Pan, dansant pour ainsi
dire avec les Grâces et les Heures, traînait
partout après lui un printemps éternel.

La belle campagne d'Enna, où Proserpine
ueillant des fleurs moins vives que son
int, fut enlevée par le sombre Pluton, ne
ourrait entrer en parallèle avec ce divin sé-
our, quand on y ajouterait et les charmants
ocages de Daphné près d'Orontes, et l'ad-
irable source de Castalie, et cette île de
N cée, que ceint le fleuve Triton, où le vieux
O am, l'Ammon des gentils et le Jupiter de
Li ye retira, dit-on, Almathée et le jeune
Bacchus pour le dérober aux yeux de sa ma-
râtre Rhéa. On ne saurait non plus lui comparer le mont Amara situé sous la ligne
éthiopique, près des sources du Nil, où les
rois abyssins font garder leurs enfants. Malgré ses rares beautés, ce mont fameux, dont
quelques-uns ont voulu faire le paradis terrestre, serait fort inférieur à ce jardin d'As-
syrie, où le lugubre monarque voyait avec
dépit l'assemblage de tous les plaisirs, et la
surprenante variété des créatures nouvelles
à ses yeux.

Deux objets plus nobles que tous les animaux l'étonnèrent. La majesté de leur port,

leur tête levée vers le ciel, et la pureté dont
ils étaient revêtus, semblait leur déférer le
droit de gouverner l'univers. Ils en avaient
aussi l'empire. Dans leurs divins regards
brillaient l'image du Créateur, la variété, la
raison, la sagesse, une sainteté sévère et
pure; sévère, mais tempérée par un air
de modération et de droiture qui conviennent
si bien aux rois.

Il se trouvait cependant entre eux quelques
degrés d'inégalité: ils avaient l'un sur l'autre quelques avantages; l'un était formé
pour la contemplation et la valeur, l'autre
pour la douceur et les grâces. Celui-ci pour
Dieu seul, celle-là pour l'homme et pour
Dieu. Le front de l'un grand et majestueux,
et son regard imposant marquaient la supériorité. Ses cheveux semblables à la fleur
d'Hyacinthe et bouclés d'un air mâle, se sé-
paraient sur le front et sans passer les épaules, ornaient décemment sa tête. La chevelure de l'autre éparse, ondoyante et longue,
tombait comme un voile jusqu'au bas de sa
taille fine et déliée. Ainsi la vigne deman-
dant un support, se replie devant l'ormeau.
L'or de ses tresses blondes se recourbait avec
grâce. Ainsi portait-elle sur sa tête une marque de sa dépendance et du besoin qu'elle
avait d'un appui. Son cœur obéissant à la
nature, s'attachait à son époux; mais en
gagnant son amour par sa soumission, elle
se conciliait son estime par sa modestie.
L'œil n'était encore choqué d'aucun objet, ils
se voyaient innocemment, et les ouvrages
de la nature ne leur inspiraient point de
honte.

Malheureuse honte, enfant du péché, quelle
agitation ne nous causez-vous point, en
nous obligeant d'emprunter les dehors d'une
fausse pureté? Vous avez banni de la vie de

'homme son plus grand bonheur, la simplicité et l'innocence; nos premiers pères ne s'étaient point aperçus de leur nudité: la présence de Dieu ou celle des anges ne les en avaient pas fait rougir; ils ignoraient le mal.

Ils marchaient en se donnant la main: quel couple! l'amour n'en unira jamais de semblable. Adam, le plus majestueux des hommes, Eve la plus belle des femmes.

L'exercice de la journée n'était point un travail; c'était un amusement qui les préparait à mieux goûter le repos, et qui assaisonnait encore des mets exquis. Ils s'assirent sur le gazon naissant, près d'une source vive, à l'ombre d'un bocage dont les feuilles faisaient un doux murmure. Les branches, s'abaissant d'elles-mêmes, leur présentèrent des fruits d'une saveur délicieuse.

Couchés sur les fleurs qui émaillaient les bords de la fontaine, ils goûtèrent ces fruits. L'écorce leur servit à puiser une onde plus douce que le nectar. Les aimables propos, les souris de tendresse, ne manquèrent point au repas, ni les caresses innocentes de deux jeunes époux nouvellement engagés sous les lois d'un heureux hyménée.

Autour d'eux s'égayaient tous les animaux que nous connaissons sur la terre, et qui, maintenant sauvages, se retirent dans les bois, dans les déserts, dans les forêts ou dans les tannières. Le lion badinant, se cabrait et, dans ses pattes, berçait le tendre chevreau. Les ours, les tigres, les panthères et les léopards bondissaient devant eux. L'éléphant matériel employait toute son industrie pour les divertir et contournait en cent façons sa trompe flexible. Le serpent, s'insinuant avec adresse, entrelaçait en nœuds gordiens sa queue repliée et donnait, sans leur causer de défiance, des preuves de sa fatale malice. Quelques-uns, couchés sur l'herbe dont ils s'étaient rassasiés, avaient encore les yeux ouverts; d'autres se disposaient au sommeil. L'astre du jour touchait au terme de sa carrière, il se précipitait pour éclairer les îles de l'océan; et les astres, avant-coureurs de la nuit, montaient dans la céleste balance. Satan, jusque-là immobile, retrouva enfin sa voix étouffée par la tristesse.

O cieux! ô Terre! ô Enfers! Voilà donc ceux à qui l'on a destiné nos trônes! voilà les nouveaux favoris de l'Eternel! qui sont-ils? D'un côté, j'aperçois en eux tout ce qui appartient à la matière; de l'autre, ils me paraissent peu inférieurs aux célestes substances. Dans cette union bizarre, mes pensées les suivent avec étonnement. Je sens même que j'aurais du penchant à les aimer. La ressemblance divine brille sur leur front, et la main qui les a formés a répandu sur eux des grâces infinies. Infortunés! vous pensez peu au changement que je vous prépare: toutes ces délices vont s'évanouir. Je mesurerai vos maux aux plaisirs dont vous jouissez. Votre bonheur est grand, il devrait être mieux assuré. Ce beau séjour que vous habitez a été mal fortifié contre un ennemi tel que moi; mais non, je ne suis point votre ennemi. L'abandon même où je vous vois excite ma compassion, quoique l'on soit insensible à mes maux. Je cherche à former une ligue avec vous, une amitié mutuelle si étroite, si intime, qu'inséparablement unis, nous soyons obligés de vivre vous avec moi, moi avec vous. Ma demeure peut-être ne satisfera pas tant vos sens que ce beau paradis: telle qu'elle est, acceptez-la; c'est l'ouvrage de votre digne créateur, il me l'a

donnée, je vous la donne. L'enfer ouvrira
pour vous recevoir ses plus larges portes et
fera sortir ses rois à votre rencontre. Quelque
nombreuse que puisse être votre postérité,
la place n'y manquera pas comme en ces
étroites limites. Si vous vous y désespérez
un jour, prenez-vous-en à celui qui me con-
traint de me venger sur vous. Vous n'êtes
point coupables à mon égard, mais votre innocence m'attendrit vainement. Une juste
raison d'État, l'honneur, la vengeance, l'a-
grandissement de notre empire par la conquête de ce nouveau monde, me forcent
d'exécuter contre vous un projet dont la seule
idée me fait horreur.

Satan allégua la nécessité (prétexte des ty-
rans) pour justifier ses horribles desseins. Il
descend et se va confondre avec la troupe
badine de divers animaux; il se transforme
tantôt en l'un, tantôt en l'autre, afin d'observer, sans se faire connaître, ceux dont il
a juré la perte. Il s'étudie à pénétrer leur
nature, soit par leurs discours, soit par leurs
actions.

Tantôt, sous la figure d'un lion, il marche
fièrement autour d'eux, avec un regard plein
de feu; tantôt il se couche comme un tigre
qui, par hasard, ayant entrevu deux jeunes
faons, se tapit contre terre, puis, s'élevant,
s'avance, se couche et change souvent de
poste, choisissant le terrain d'où il pourra
le mieux s'élancer et les saisir entre ses grif-
fes. Adam parla enfin et attira, par la nouveauté de ses accents, toute l'attention de
son ennemi.

Chère compagne, seule destinée à partager
avec moi les délices de la nature dont tu es
le plus précieux trésor, sans doute l'auteur
qui nous a donné la vie et qui a créé pour
nous ce vaste monde, est aussi infini en

bonté qu'il est infini en puissance. Il nous a tirés de la poussière, il nous a placés dans un paradis, nous qui n'avons rien mérité de sa main et qui ne pouvons rien ajouter à son bonheur. Il ne demande que notre obéissance et il ne la met qu'à une légère épreuve. De tous ces arbres qui portent des fruits délicieux si variés, il nous défend seulement de toucher à l'arbre de science, placé près de l'arbre de vie. L'intervalle entre la mort et la vie n'est pas grand, et la mort est, sans doute quelque chose de terrible : tu sais que le Seigneur nous en a menacés, si notre témérité nous faisait porter sur cet arbre une main sacrilège. Est-ce trop exiger, quand il nous comble avec profusion de tous les biens imaginables, quand il nous a établis les maîtres du monde, quand il étend notre empire sur tout ce que la terre, l'air et la mer renferment de créatures ? Une loi si facile à observer est une nouvelle preuve de sa bonté. Obéissons, chère Eve, notre obéissance sera notre gloire ; le choix illimité de toutes sortes de biens nous dédommage assez de ce petit sacrifice. Glorifions sans cesse le créateur, ne songeons qu'à exalter sa bonté infinie, pendant que nous passerons agréablement le temps à cultiver ces arbres et à prendre soin de ces fleurs ; cette occupation n'a rien de fatigant ; mais quand la peine voudrait s'y joindre, ta compagnie la convertirait en plaisir pour moi.

Eve lui répliqua : O toi, pour qui et de qui j'ai été formée, chair de ta chair, sans qui je serais inutile au monde, guide assuré, glorieux chef de ta fidèle compagne, ce que tu viens de dire est juste et raisonnable. Nous lui devons une reconnaissance éternelle. Tout doit retentir de nos actions de grâces ; puis-je en suspendre le cours, moi dont le bon-

heur est si complet? Je te possède, cher
Adam; quelle douceur pour moi ! la terre ne
voit point ton égal; elle ne le verra jamais.
Je gagne plus que toi dans cette aimable société. Il me souvient du jour où la lumière
vint pour la première fois ouvrir mes yeux
étonnés. Je me trouvai mollement couchée
sur un tapis de verdure émaillé de fleurs, à
l'ombre d'un bocage. J'ignorais où j'étais,
qui j'étais, d'où je venais. J'entendis le murmure d'un ruisseau qui sortait d'une grotte
voisine; son onde répandue formait une
plaine liquide et sa tranquille surface représentait la pureté des Cieux. J'y portai mes
premiers pas, l'expérience ne m'avait rien
appris. Je m'inclinai sur le bord verdoyant
et je regardai dans ce bassin clair et uni qui
me semblait un autre Ciel. En me penchant,
j'aperçus une figure qui se penchait aussi
vers moi. Je la regardai, elle regarda ; je re-
culai en tressaillant; un charme secret me
rapprocha, le même charme l'attira. Des mouvements réciproques de sympathie et d'a-
mour nous prévenaient l'un pour l'autre. Ce
charmant objet me retiendrait peut-être encore, si une voix distincte ne m'eût tirée de
ce ravissement: Ce que tu contemples, belle
créature, c'est toi-même. Avec toi, l'image
paraît et disparaît; mais viens, je te conduirai dans un lieu où tu ne trouveras pas une
ombre, mais un objet réel digne de tes regards. Celui dont tu es l'image t'appelle par
ses désirs les plus empressés; tu jouiras de
son aimable société; il te sera inséparablement uni. Tu lui donneras une multitude
d'enfants semblables à toi, et, de là, tu seras
appelée la Mère des vivants. Pouvais-je délibérer? Je suivis sur-le-champ, conduite in-
visiblement; je t'aperçus à l'ombre d'un pla-
tane, tu me semblas beau et majestueux;

cependant je trouvai ta beauté moins douce et moins attrayante que celle de l'image fugitive que j'avais vue dans les ondes. Un léger saisissement me fit reculer à ta vue. Tu m'appelas, tu me suivis. Arrête, belle Eve ! Que crains-tu de joindre un autre toi-même? Tu es sa chair, ses os. Pour te donner l'être et la vie, je t'ai prêté la côte la plus voisine de mon cœur : c'est à mes côtés que tu dois trouver ta place naturelle. Ta douce compagnie, dont je serai toujours inséparable, fera désormais le bonheur de mes jours. Attends-moi, chère partie de moi-même, et laisse-moi réclamer mon autre moitié. Ta main saisit tendrement la mienne, je me rendis et, depuis ce temps, je vois combien la force de la sagesse, qui seule est véritablement belle, l'emporte sur la beauté.

A ces mots, notre mère commune tourna vers Adam un regard animé du pur feu de l'amour conjugal, et, se penchant affectueusement sur lui, elle le tenait à demi-embrassé. Son sein relevé, sans autre voile que l'or ondoyant de ses tresses négligées, s'approchait de celui de son époux, qui, transporté tout à la fois de ses grâces et de sa soumission, sourit avec une supériorité pleine de tendresse, comme Jupiter sourit à Junon, quand il rend féconds les nuages qui répandent les fleurs sur la terre. Il pressa ses lèvres pures par un chaste baiser. Le monarque infernal, envieux de leur bonheur, se détourna, et, jetant sur eux un coup d'œil furieux, il se plaignit ainsi en lui-même :

O spectacle odieux et désespérant! Ainsi donc ces nouveaux sujets du Tout-Puissant trouveront dans leurs embrassements mutuels un paradis encore plus doux que celui qu'ils habitent. Ainsi jouiront-ils ensemble d'une pleine félicité, tandis que, livré à des

maux et à des supplices sans bornes, je me
verrai dans d'éternelles horreurs, où l'on ne
ressent ni joie ni amour, mais un désir toujours stérile et toujours forcené, qui n'est pas
le moindre de nos tourments. N'oublions pas
pourtant ce que j'ai surpris de leur bouche :
tout n'est pas en leur pouvoir. Je vois qu'il
est un arbre fatal, appelé l'arbre de la
science, dont le fruit leur est interdit : la
science défendue! j'entre en quelque soupçon ; pourquoi doivent-ils s'en abstenir ? La
science peut-elle être un mal ? Peut-elle causer la mort ? Se soutiennent-ils seulement
par l'ignorance? Est-ce là le bonheur de leur
état, la preuve de leur obéissance et de leur
foi? Ne pourrions-nous pas tirer de cette défense le principe de leur ruine? Excitons
dans leurs cœurs un désir curieux de savoir;
révoltons-les contre une indigne sujétion, en
leur faisant entendre que la science peut les
élever au rang des dieux. Séduits par l'espoir
flatteur de la divinité, s'ils la cherchent dans
ce fruit défendu, ils désobéissent; s'ils désobéissent, ils meurent; s'ils meurent, les voilà
perdus comme moi : la conséquence est juste :
mais, avant tout, commençons par examiner
les détours de ces lieux. Peut-être le hasard
me fera-t-il trouver, près d'une fontaine ou
dans l'ombre épaisse, quelque esprit céleste
dont je tirerai les éclaircissements nécessaires. Heureuses créatures, vivez encore, tandis que vous le pouvez; jouissez jusqu'à mon
retour de courts plaisirs que vont terminer
de longs malheurs.

En finissant ce discours, il marche, plein
d'orgueil et d'assurance, mais en même temps
avec circonspection; il cherche dans les bois,
dans les plaines, sur les collines, dans les
vallons.

Le soleil, prêt à se coucher, s'approchait

du point le plus éloigné de l'horizon, où le
ciel se rencontre avec la terre et l'océan, et
portait obliquement ses rayons sur l'intérieur du portail par où l'on pouvait entrer dans
le paradis terrestre. Ce portail, situé à l'o-
rient de la montagne, était pratiqué dans un
roc d'albâtre dont le sommet superbe s'élevait jusqu'aux cieux. Son enceinte escarpée
embrassait les jardins sacrés et formait, d'un
seul côté, une pente plus douce qui descendait en terre.

Assis au milieu de ce portail, Gabriel, chef
des gardes angéliques, attendait la nuit. Autour de lui, la jeunesse du ciel, désarmée,
s'exerçait à des jeux héroïques. Les célestes
armures, casques, boucliers et lances étincelantes d'or et de diamants, pendaient auprès
de ces guerriers comme des trophées. Ils
aperçurent Uriel, se coulant rapidement avec
le soir sur un rayon de soleil. Telle, dans
l'automne, quand les vapeurs de l'air viennent à s'enflammer, une étoile court, traverse la nuit et, laissant un sillon de lumière, montre aux matelots de quel point de
leur boussole ils doivent se mettre en garde
contre les vents impétueux.

Gabriel, lui dit-il, c'est toi que l'Eternel a
chargé de garder ce paradis. Aujourd'hui,
sur le haut du midi, un esprit, conduit en
apparence par un louable désir de connaître
les ouvrages du Tout-Puissant, et surtout
l'homme sa dernière créature, a passé dans
ma sphère. Sa démarche légère et son port
céleste m'ont d'abord trompé; mais sur le
mont où il s'est d'abord abattu, au nord d'E-
den, j'ai bientôt discerné ses regards aliénés
du ciel et obscurcis par d'indignes mouvements. Je l'ai longtemps suivi de l'œil, enfin
je l'ai perdu de vue dans l'ombre de ces bocages. Je crains que, du fond des enfers,

quelqu'un des esprits réprouvés n'ait entrepris d'élever de nouveaux troubles; c'est à
toi d'y mettre ordre.

Le guerrier ailé lui répondit : Je ne suis
point surpris qu'assisté de la brillante lumière du soleil au milieu duquel tu résides,
tu portes si loin ta perçante vue; nul n'é-
chappe à la vigilance de ceux qui gardent
cette entrée : on n'y passe point sans une
permission du Ciel, et, depuis l'heure de
midi, aucune créature n'est venue de ces
hautes régions. Si quelque esprit d'autre nature, comme tu dis, a franchi ces terrestres
remparts, tu sais que des barrières maté-
rielles peuvent difficilement arrêter une substance spirituelle; mais, sous quelque forme
qu'il puisse être caché dans l'enceinte de ces
jardins, je l'aurai trouvé avant que l'aurore
suivante nous éclaire.

Il le promit. Uriel retourna à son poste sur
le même rayon de lumière, dont la pointe,
pour lors élevée, lui servit comme d'un
plan incliné pour descendre jusqu'au soleil,
à cette heure tombé sous les Açores : soit
que le premier orbe, poursuivant sa route
journalière avec une rapidité inconcevable,
eût décrit cet espace, soit que la terre, toute
pesante qu'elle est, tournant sur elle-même,
par un plus court chemin vers l'orient, l'eût
laissé dans son même point, colorant d'or et de
pourpre, par diverses réflexions, les nuages
qui accompagnent la face occidentale de son
trône.

La nuit s'approchait, et le crépuscule avait
revêtu les campagnes de ses sombres livrées.
Le silence venait à sa suite. Les animaux et
les oiseaux s'étaient retirés aux lieux de
leur repos : tous, hors le rossignol, qui, accoutumé aux veilles amoureuses, passe les
nuits entières à chanter. Il entonnait déjà

ses doux sons; le silence était ravi. Déjà le firmament étincelait de vifs saphirs; Hespérus, conducteur des bandes étoilées brillait à leur tête; mais bientôt la lune, se levant dans une majesté nébuleuse, avec un port de reine, dévoila sa tendre lumière et jeta sur l'obscurité son manteau d'argent.

Adam dit à Eve : Ma chère compagne, l'heure de la nuit et la tranquillité qu'elle mène à sa suite, nous invitent à quitter notre ouvrage. Le Seigneur a établi pour les hommes la vicissitude de l'action et du repos, ainsi que celle du jour et de la nuit, retirons-nous. Le sommeil commence à répandre ses pavots, dont les douces vapeurs appesantissent peu à peu notre paupière. Les animaux oisifs errent pendant le jour à l'aventure; Dieu ne leur demande point compte du temps : ils n'en connaissent point le prix; l'homme doit coopérer par ses soins à la conservation des ouvrages de la Providence. Il a des exercices réglés pour le corps et pour l'esprit. Cette attention du ciel sur notre conduite marque notre avantage sur les autres créatures. Demain, avant que la fraîche aurore amène la lumière et peigne l'orient de ses différentes couleurs, nous nous devons occuper à ces berceaux fleuris. Ces vertes allées qui nous servent de retraite pendant l'ardeur du jour, semblent se plaindre de se voir étouffées par l'épaisseur de leur feuillage et demanderaient plus de mains que les nôtres pour les soulager. Il nous faudra encore, si nous voulons aplanir nos promenades, écarter ces fleurs et ces gommes qui tombent journellement des arbres. Préparons-nous à ce travail par le repos que la nature exige et auquel la nuit vient nous inviter.

Mon auteur, mon souverain, répondit son

épouse, commande, je ne sais qu'obéir : Dieu est ta loi, tu es la mienne : conversant avec toi, j'oublie la durée du temps, le changement des saisons et les différentes températures de l'air, tout me plaît également : l'haleine du matin est remplie de douceur; l'aurore, accompagnée des charmantes voix des oiseaux, a mille agréments. Le soleil inspire la joie quand, se levant pour éclairer cette terre délicieuse, il étend ses rayons naissants sur les herbes, les arbres, les fruits et les fleurs luisantes de rosée. La terre féconde répand une odeur suave après de douces pluies, le soir s'avance agréablement, puis la nuit tranquille avec cet oiseau mélodieux qui l'égaye, aussi bien que cette belle lune et ces perles du ciel, les étoiles, qui composent sa cour; mais ni le chant des oiseaux qui célèbrent l'aurore, ni le soleil levant, ni les herbes, les fruits et les fleurs dont le coloris est relevé par l'éclat des perles de la rosée, ni la bonne odeur de la terre après la pluie, ni l'agréable et fraîche soirée, ni la nuit tranquille avec cet oiseau mélodieux qui l'égaye, ni les promenades au clair de la lune, ni ces divers compartiments d'étoiles brillantes, sans toi n'auraient point de charmes pour moi.

Adam connaissait tout le prix de ces sincères douceurs. En se retirant, Eve, frappée du glorieux spectacle des feux célestes, lui demanda pourquoi ils brillaient, tandis que le sommeil fermait tous les yeux.

Fille accomplie de Dieu et de l'homme, Eve, reprit notre premier père, ces astres sont obligés de faire dans l'espace d'une journée à l'autre leur révolution autour de la terre; ils se lèvent et se couchent successivement pour dispenser de région en région la lumière préparée aux nations qui sont en-

core à naître, de peur que, par une obscurité totale, la nuit ne regagne son ancienne
possession et n'éteigne le principe de la vie
dans tout ce qui respire. Ces feux modérés
éclairent ce vaste univers, et leur bénigne
chaleur, influant diversement, fomente, ré-
chauffe, tempère ou nourrit toutes choses;
leur vertu céleste dispose les productions de
la nature à recevoir leur perfection des
rayons plus actifs du soleil. Ces étoiles ne
brillent donc pas en vain pendant la nuit:
car ne crois pas que l'homme soit le seul témoin de la majesté du ciel, ou que, sans lui,
Dieu manquerait de louanges. Des millions
invisibles de créatures spirituelles parcou-
rent la terre; tandis que nous veillons et
que nous dormons, toutes ces substances
contemplent jour et nuit ses ouvrages et le
glorifient sans cesse. Combien de fois, du
haut des montagnes retentissantes ou dans
le fort des bois sur le minuit, avons-nous
entendu les louanges du Créateur célébrées
par des voix divines, ou seules ou réunies
en concert ? Souvent, lorsque les troupes des
anges vont faire leurs rondes nocturnes,
elles se joignent en un chœur parfait, soutenu de la musique instrumentale des tou-
ches célestes: leurs chants partagent la nuit
et élèvent nos pensées vers le ciel.

Ils discouraient de la sorte, et se tenant
par la main ils s'avançaient sans aucune
suite au berceau voluptueux que Dieu leur
avait planté. La voûte était un tissu de lau-
rier, de myrthe et des plus hauts arbrisseaux, dont le feuillage odorant et durable
formait le couvert le plus épais. De tous
côtés, l'acante et mille petits buissons exquis par leur senteur palissadaient le mur
verdoyant. Entre les branches, l'iris, nuancée
de superbes couleurs, les roses, le jasmin et

toutes sortes de fleurs curieuses élevaient
glorieusement leurs têtes parfumées qui faisaient un agréable mélange. Sous les pieds,
la violette, le safran et l'hyacinthe émaillaient la terre, mieux décorée de leur riche
marqueterie qu'elle ne l'eût été par les pierres
les plus précieuses.

Ici, nuls animaux, oiseaux, insectes, reptiles n'osaient entrer. Le respect qu'ils avaient
pour l'homme leur en défendait l'accès. Jamais, quoique dise la Fable, Pan ni Sylvain
ne dormirent dans un berceau plus sacré ou
plus solitaire. Jamais Faune ni les nymphes
n'eurent de sanctuaire si redouté.

Ce fut dans cette retraite qu'Eve, quand
elle s'unit pour la première fois à son époux,
ajouta aux beautés de la nature tout ce que
l'amour ingénieux put inventer pour orner
le lit nuptial. Les célestes chœurs chantèrent l'épithalame au jour que l'ange qui préside à l'hymen la conduisit à notre premier
père ; plus aimable et plus brillante par sa
seule beauté que Pandore avec tous les présents dont elle fut enrichie par chacun des
dieux. O fatale ressemblance, quand amenée
par Hermes au fils imprudent de Japhet, elle
asservit le genre humain par ses charmes
pour punir le rapt audacieux du feu du
ciel.

Arrivés à leur retraite, ils se tinrent debout, et se tournant vers la voûte céleste, ils
adorèrent le Dieu qui fit le firmament, l'air,
la terre et le ciel, le globe resplendissant de
la lune et le pôle étoilé : Tu fis aussi la nuit,
Créateur tout-puissant, et tu as fait le jour :
nous l'avons employé à l'ouvrage que tu nous
as confié. Nous avons, grâce à ta bonté, rempli la journée, heureux par les secours mutuels que nous nous prêtons et par l'amour
réciproque qui couronne notre félicité ; nous

te la devons tout. entière, aussi bien que ce séjour délicieux, trop vaste pour nous. Tes bienfaits abondants, si quelqu'un ne les partage, tombent sans être moissonnés; mais tu nous as promis une race semblable à nous, nous l'instruirons à exalter de concert avec nous cette bonté infinie qui nous soutient toujours, soit que nous veillions, soit que nous cherchions, comme à présent, le repos que tu veux bien nous accorder.

Telle fut leur prière dans l'union d'un même esprit, et sans observer d'autre culte que l'adoration pure, le plus précieux tribut aux yeux de l'Eternel, ils se retirèrent dans le plus secret du berceau. Libres de cet appareil incommode auquel nous sommes assujétis, ils se disposèrent au sommeil. Le Seigneur les avait créés l'un pour l'autre, rien ne les devait séparer. Quelques-uns opposent la sainteté du lieu et l'état de l'innocence : peut-on regarder comme impur ce que Dieu a purifié, ce qu'il commande à quelques-uns, ce qu'il laisse libre à tous dans le choix d'un état? Le Créateur a lui-même établi cette sainte société : qui nous ordonne d'y renoncer? Il n'est que des fanatiques, ennemis de Dieu et de l'homme, qui puissent condamner de si sacrés liens. Je te salue, amour conjugal, chaîne mystérieuse, vraie porte de la vie, seul bien qui n'entre point en partage. Par toi, l'homme fut distingué des brutes animaux. Tu es fondé sur la raison, la fidélité, la justice, la pureté. Par toi, les nœuds du sang et les douces liaisons de père, de fils et de frère furent d'abord formées. Tu nous préserves des sources corrompues du crime. Pourquoi te blâmerais-je? Le lit nuptial des saints de nos jours ou celui des anciens patriarches que Dieu bénissait par une féconde génération, n'a-t-il pas été déclaré pur et sans tache? C'est toi qui fournis à l'amour ses traits dorés, il allume à ton flambeau sa lampe durable et, se soutenant sur ses ailes de pourpre, il règne et se plaît avec toi, non dans le sourire perfide et mercenaire d'une infâme, dont les prodigues faveurs sont toujours accompagnées de trouble et de crainte. Ce pur amour ne se trouva jamais dans le tumulte des danses lascives; il ne se cache point sous les bizarres déguisements du masque; le bal, ce théâtre, ce rendez-vous du crime, n'est point son lieu favori; il ferme l'oreille à ces symphonies nocturnes qu'accompagne le scandale et que suivent les mépris.

Nos premiers pères s'endormirent au doux chant des rossignols, et la voûte fleurie versa sur eux des roses que le matin renouvela. Dormez, couple heureux : ô plus heureux encore si vous ne cherchez point d'état plus fortuné et si vous ne sortez point des bornes qui vous sont prescrites.

Déjà la nuit avait parcouru la moitié de cette voûte sublunaire, et de leurs portes d'ivoire les chérubins en armes, sortant à l'heure accoutumée, dans une contenance guerrière, allaient occuper leurs postes, quand Gabriel dit à l'ange qui le suivait :

Uzziel, prends la moitié de cette légion et cotoie le midi. Observe d'un œil vigilant jusqu'aux lieux les plus écartés. Que ces autres défilent vers le nord, nous nous rencontrerons à l'occident. Ils se partagent comme une flamme, les uns vers la droite, les autres vers la gauche. Au même moment, Gabriel appelle deux anges, dont la puissance et l'activité étaient connues.

Ithuriel, et vous Zéphon, déployez vos ailes agiles; allez, que rien n'échappe à vos recherches; mais surtout observez l'endroit

qu'habitent ces deux belles créatures. Peut-
être goûtent-elles avec sécurité les douceurs
d'un tranquille sommeil. Un messager céleste descendu sur les rayons du soleil couchant, vient de m'annoncer qu'un esprit
infernal avait ici tourné ses pas ; sans doute
qu'en s'échappant il a conçu quelque funeste
dessein; partout où vous le trouverez, sai-
sissez-le, qu'il comparaisse devant moi.

A ces mots, il conduisit ses cohortes, dont
l'éclat effaçait la clarté de la lune. Les deux
anges marchèrent vers les berceaux enchantés où reposaient nos premiers pères.
Ils y trouvèrent l'esprit infernal; mais sous
quelle forme? Qui pourrait se l'imaginer?
Sous la figure du crapaud. Couché à l'oreille
d'Eve, il était occupé à lui fasciner l'imagination par des illusions nocturnes, par des
fantômes et des songes propres à laisser
dans son esprit de pernicieuses impressions.
Il se proposait, en inspirant son venin, d'in-
fecter les esprits animaux qui proviennent
du sang le plus pur, comme de douces vapeurs s'élèvent des rivières; il cherchait à
produire en son âme des pensées mutines et
inquiètes, de folles espérances, de vains projets, des désirs désordonnés, pleins de présomption et capables de conduire à un orgueil criminel.

Ithuriel le toucha légèrement de sa lance :
la fausseté ne saurait endurer la touche
d'une trempe céleste, sans être forcée de re-
prendre sa forme naturelle. Surpris et découvert il tressaillit de rage. Ainsi quand une
étincelle tombe sur un amas de nitre et de
poudre, prête à être portée dans les magasins
que l'on remplit sur le bruit d'une guerre
prochaine, le salpêtre saute, éclate et met en
feu les airs; de même le malin esprit se leva
avec fureur, et montra l'ange de ténèbres

tout entier. Ithuriel et Zéphon furent frappés d'étonnement à la vue de ce monstre hideux; mais ils le saisirent sans effroi et le forcerent à répondre.

Infâme esclave, échappé de ta prison, quel est ton nom? Que fais-tu ici, sous l'indigne forme qui te cache? Pourquoi te tiens-tu ici, et que prétends-tu autour de ces deux innocentes créatures livrées à la douceur du sommeil?

Ne me remettez-vous pas, dit Satan, plein de mépris, ne me remettez-vous pas? Je me suis vu dans un rang où vous n'osiez vous élever. Si vous ne me connaissez point, c'est sans doute que votre bassesse ne vous a pas permis de m'approcher. Si vous me connaissez, pourquoi me demandez-vous qui je suis?

Ne crois pas, dit Zéphon, renvoyant mépris pour mépris, ne crois pas que tu conserves encore ces traits de beauté qui brillaient en toi, tandis que tu étais fidèle à ton Dieu. Cette gloire t'abandonna avec ton innocence : tu n'es plus que ténèbres, et je ne vois plus en toi que les horreurs du péché et les marques de ton supplice. Viens, malheureux, il faut que tu rendes compte à celui qui nous a envoyés, il est chargé de défendre cette place, et d'éloigner tout ce qui en pourrait violer la sainteté.

Ainsi parla le chérubin, et la gravité jointe à la beauté de sa jeunesse, donna une force invincible à ses paroles foudroyantes. Le prince des enfers resta confus; il sentit toute la force du juste, il vit combien la vertu en elle-même est aimable. Il vit et gémit de sa perte; la privation de cet éclat qui nourissait son orgueil, combla son désespoir, il montra néanmoins un front intrépide. Si je dois, dit-il, disputer, disputons avec le plus digne, avec celui qui donne l'ordre, non avec celui qui le reçoit, ou battons-nous contre tous à la fois; j'en remporterai plus de gloire, ou j'en serai moins couvert de honte.

Ta soumission forcée, dit hardiment Zéphon, nous dispense de te montrer ce que les derniers d'entre nous peuvent seuls contre toi : ta faiblesse est la punition de ton crime.

Le prince des ténèbres ne répliqua pas : là rage étouffa sa voix. Il obéit comme un fier coursier dont le frein dirige les mouvements fougueux. Son cœur, tout intrépide qu'il était, céda en ce moment à la crainte. Ils s'approchaient du point du couchant où les guerriers du Très-Haut ayant parcouru le demi-cercle qu'ils avaient à décrire, se rangèrent en arrivant, et se réunirent pour attendre de nouveaux ordres, quand du front de la bataille Gabriel qui les conduisait, dit à haute voix :

« Amis, j'entends un bruit de pieds agiles, et déjà j'entrevois à travers l'obscurité Ithuriel et Zéphon : avec eux s'avance un troisième qui représente encore un roi, mais un roi dont la gloire est visiblement flétrie. Sa démarche et son port furieux me font croire que c'est le prince des enfers. Selon toute apparence, il ne partira pas d'ici sans combat; soyez fermes, la fureur étincelle dans ses yeux.

A peine eut-il fini, que ces deux anges arrivèrent et firent entendre en peu de mots quel était le prisonnier qu'ils amenaient, où ils l'avaient trouvé, ce qu'il faisait, sous quelle forme et dans quelle posture il était couché.

Pourquoi, Satan, lui dit Gabriel, en le foudroyant d'un regard, pourquoi as-tu rompu les chaînes que tes crimes t'ont forgées? Pourquoi inquiéter dans leurs fonctions ceux qui détestent ton exemple, et qui sont en droit de te demander raison de la témérité avec laquelle tu souilles, par ta présence, ces jardins sacrés? Oses-tu bien troubler le repos de ceux que Dieu même a établis dans ce lieu de volupté?

Satan repartit : Gabriel, tu avais dans le Ciel la réputation d'être sage, je t'estimais tel, mais ta question m'en fait douter. Est-il quelqu'un qui se plaise dans les tourments, et qui ne s'échappe, quand il le peut, d'un lieu maudit? Y manquerais-tu toi-même? On ne connaît plus de péril quand il s'agit de se dérober à des maux si affreux, et il n'est rien que l'on ne fasse pour trouver du soulagement. C'est là ce qui m'amène ici. Je sais que ce n'est point une raison pour toi; tu connais seulement le bien, mais tu n'as point essayé du mal; ainsi tu m'objectes la volonté de celui qui nous a confinés dans les enfers. Qu'il barricade mieux ses portes, s'il prétend nous arrêter dans ses noirs cachots. Voilà ma réponse : ils t'ont fait un fidèle rapport, ils m'ont trouvé comme ils le disent; mais s'ensuit-il de là que je voulusse commettre quelque violence?

Il prononça ces mots avec dédain. Le prince des troupes célestes souriant à demi, lui répliqua d'un ton ironique : Sans doute que le Ciel a perdu dans toi un trésor inestimable de sagesse; rien n'en pourra réparer la perte. C'est apparemment ta sagesse qui t'a autorisé à briser tes chaînes, et qui te fait révoquer gravement en doute si tu tiendras pour sages, ou non, ceux qui te demandent de quel front tu as osé sortir de ta prison et paraître dans cette terre sacrée. Tu trouves donc que c'est un trait de prudence, que de se dérober à son supplice; juge toujours de même, présomptueux : bientôt la colère que tu as allumée par ton évasion, châtiera ton audace en te repoussant jusque dans les enfers. Cette sagesse, dont tu te piques, aurait bien dû t'apprendre qu'il n'est rien de si terrible que d'irriter le courroux d'une puissance infinie. Mais pourquoi es-tu seul en ces lieux ? Pourquoi tout l'enfer ne s'est-il pas déchaîné avec toi ? La peine est-elle moins sensible pour eux ? Doivent-ils moins l'éviter, ou as-tu moins de fermeté ? Chef courageux, tu fus le premier à les entraîner dans le malheur, tu es le premier à les abandonner. Si tu avais fait sentir à ton armée le motif de ta désertion, c'le t'aurait imité dans ta fuite ; elle t'aurait accompagné dans ce séjour.

Ange insultant, repartit le prince des ténèbres, ce n'est pas que j'aie moins de courage pour résister au mal, ou à la douleur; tu sais bien que j'ai soutenu dans le combat les efforts de tes plus braves légions, jusqu'à ce que le foudre brûlant vînt seconder ta lance, peu redoutable par elle-même. Tes propos inconsidérés font bien voir que tu n'as point l'expérience, suite des dures entreprises et des mauvais succès. Ne sais-tu pas qu'un chef fidèle à son devoir, ne hasarde point ses troupes avant que d'avoir reconnu les lieux où il veut faire marcher son armée ? Voilà ce qui m'a engagé à sortir seul pour aller à la découverte d'un monde que la renommée a annoncé jusque dans les enfers. Je cherche ici une meilleure habitation, et je me flatte que j'établirai sur la terre, ou au milieu de l'air mes puissances affligées, quand même pour nous en mettre en possession, il faudrait livrer encore un nouveau combat ; mais non, les tiens appréhendant la guerre, ne se plaisent qu'à servir en vils esclaves leur souverain, et qu'à chanter des hymnes autour de son trône, en se prosternant devant lui sans oser l'approcher.

L'ange guerrier lui répliqua : Tu varies,

Satan, Tu prétendais d'abord que la raison
t'avait fait quitter le lieu de tes tourments ;
maintenant tu déclares que tu viens comme
espion ; il n'en faut point davantage pour te
convaincre d'imposture ; cependant tu te qua-
lifies du nom de fidèle. Peux-tu profaner à ce
point un titre si respectable ? Fidèle à qui ? A
tes troupes rebelles, à ton armée de mauvais
esprits, digne chef de tels soldats ! Leur dis-
cipline, leur serment et la soumission mili-
taire les engageaient-ils à enfreindre l'obéissance due au pouvoir suprême ? Mais, dis-moi,
vil esclave, qui prétends t'ériger en auteur
de la liberté, qui jamais flatta ou rampa plus
que toi ? Quel autre adora plus servilement
le redoutable monarque des cieux ? Ta feinte
adoration n'avait d'autre objet que de le déposséder, et de régner en sa place. Pense
seulement à observer l'ordre que je te donne.
Retire-toi loin d'ici : vole aux lieux maudits
qui te sont destinés. Si tu oses reparaître
dans ces saintes limites, je te traînerai, chargé de chaînes, au puits infernal, et je t'y
garrotterai si bien, que tu ne mépriseras plus,
à l'avenir, les portes de l'enfer, trop faible-
ment barricadées pour toi.

Telle fut la menace de l'ange vainqueur :
Satan ne se laissa point intimider, et s'en-
flammant d'une nouvelle rage, il répondit :

Attends que je sois ton captif pour me parler de chaînes : orgueilleux chérubin, tu sentiras bientôt la pesanteur de mon bras victorieux, quoique le monarque d'en haut soit
porté sur tes ailes et qu'avec tes pareils, accoutumés au joug, tu traînes en triomphe son
char, par les chemins des cieux semés d'étoiles.

Ce discours insolent alluma le courroux
des esprits célestes ; ils forment des deux
parts leurs bataillons en croissant, et ils en-
ferment ce téméraire au milieu d'une infinité

de lances hérissées. Ainsi les dons de Cérès, vers les temps de la moisson, présentent leurs épis aux coups redoublés du vent qui les agite; l'effroi s'empare du laboureur. Satan se sentit ému, mais l'orgueil le soutint. Il se présenta comme le pic de Ténériffe, ou le mont Atlas, que rien ne saurait ébranler. Sa taille montait jusqu'aux nues; l'horreur elle-même faisait le panache de son casque. Il était couvert d'un vaste bouclier, et ses mains portaient les armes les plus redoutables. Le combat aurait eu des suites terribles. Le Paradis terrestre, que dis-je, la voûte étoilée et tous les éléments auraient été bouleversés par la violence du choc.

L'Eternel, pour prévenir cette horrible tempête, leva ses balances d'or, que nous voyons encore entre Astrée et le Scorpion, dans lesquelles, au moment de la création, il pesa les différentes parties de l'Univers, et la terre même, suspendue au milieu des airs, qui lui servent de contre-poids. C'est là qu'il pèse les évènements, les batailles et les royaumes. Il mit d'un côté les anges de paix, de l'autre l'esprit de révolte et de combat. Le dernier vola bientôt en haut, et frappa le fléau. A cette vue Gabriel apostropha ainsi le séducteur.

Satan, je connais tes forces, tu connais les miennes; nous ne les tenons que du Ciel, et c'est folie de se glorifier de ce qui n'est à nous, qu'autant que Dieu le permet; cependant les miennes sont en ce moment doublées pour te fouler aux pieds comme la poussière. Pour mieux t'en convaincre regarde en haut et lis ton arrêt dans ce signe céleste où tu t'es pesé. Vois ta faiblesse et ton néant. Satan leva les yeux et reconnut au fatal mouvement de la balance sa fatale destinée. Il céda, il s'enfuit en basphémant, et avec lui s'enfuirent les ombres de la nuit.

FIN DU LIVRE QUATRIÈME

LIVRE CINQUIÈME

ARGUMENT

Au lever du jour, Eve raconte à Adam un songe qui l'a troublée pendant la nuit. Quoiqu'il en soit attristé, il la console. Ils sortent pour prendre soin du jardin. Leur cantique du matin à la porte du berceau. Dieu pour rendre l'homme inexcusable envoie Raphaël afin qu'il l'avertisse de ne point s'écarter de l'obéissance, de faire un bon usage de sa liberté, et d'être en garde contre son ennemi. Il le charge de lui découvrir quel est cet ennemi, la cause de sa haine, et ce qui peut être utile à Adam. Raphaël descend au paradis. Son apparition. Adam assis à la porte de son berceau l'aperçoit de loin, il va à sa rencontre et le conduit à sa demeure, où il l'invite à un repas champêtre. Leurs discours pendant ce repas. Raphaël s'acquitte de sa commission, avertit Adam de son état, lui découvre son ennemi. Il lui apprend, pour satisfaire à sa prière, quel est celui qui le veut détruire, et quel est le sujet de son inimitié. Il lui expose le commencement et la cause de la rebellion qui arriva dans le ciel. Comment Satan entraîna ses légions du côté du nord, les pressa de se révolter, et les séduisit, excepté le seul Abdiel, séraphin zélé qui dispute contre lui, et l'abandonne.

L'aurore commençant sa carrière, semait la terre de perles orientales, et laissait dans les cieux la trace vermeille de ses pieds; Adam s'éveilla. Son sommeil tranquille, fruit de la tempérance et des légères fumées d'une digestion facile, était chaque jour dissipé par le murmure des ruisseaux, et des feuilles que l'épouse du vieux Tithon agite en se levant; et les premiers chants des oiseaux terminaient son repos d'une manière agréable; mais il fut bien surpris. Eve dormait encore; le désordre de ses cheveux et le feu de ses joues marquaient l'agitation de son esprit. Il se leva sur le coude et s'attendrit en contemplant sa compagne, que les grâces avaient

suivie jusques dans les bras du sommeil.
Après l'avoir considérée quelque temps, il
lui toucha légèrement la main, et d'une voix
aussi douce que celle de Zéphir quand il fait
entendre son amour à Flore, il lui dit: Eveille-
toi, ma belle, mon épouse, toi par qui l'auteur de la nature a mis le comble à mon
bonheur, chère Eve, dont les charmes toujours nouveaux me préparent de nouvelles
délices; éveille-toi, l'aurore allume le flambeau de la lumière, et la fraîcheur des champs
nous appelle. Nous perdons le temps le plus
favorable de la journée. Voici le doux moment que la fleur des citronniers s'épanouit,
la myrrhe et la canne aromatique exhalent
leurs parfums les plus suaves. Ne négligeons
point des biens si précieux; allons observer
le gracieux mélange que la nature fait de
ses couleurs. L'abeille industrieuse caresse
déjà les fleurs pour en extraire ses douceurs
liquides.

A ces mots elle s'éveille, et d'un air effrayé, se tournant vers Adam, elle l'embrasse
avec tendresse, et lui tient ce discours:

O toi seul, en qui mon âme trouve un repos parfait, source de ma gloire, modèle de
ma perfection, Adam, que ta présence et
que le retour de la lumière me font de plaisir. Cette nuit, et je n'en ai jamais jusqu'ici
passé de semblable, un songe m'a cruelle-
ment agitée, si pourtant c'était un songe. Il
ne m'entretenait point de toi, comme il m'arrive souvent, ni des ouvrages passés, ni des
occupations qui doivent leur succéder; il ne
me présentait que de tristes images incon-
nues à mon esprit jusqu'à cette fâcheuse
nuit. Il me semblait qu'une voix pleine de
douceur, s'insinuant dans mon oreille, m'in-
vitait à la promenade; j'ai cru d'abord que
c'était la tienne : elle me disait, Eve, pour-

quoi dors-tu? Voici la plus charmante heure
du jour, l'air est frais et calme, tout est dans
le silence, excepté l'oiseau qui récrée la nuit,
et qui maintenant éveillé, répète les douces
chansons que l'amour lui dicte. La lune règne dans son plein, et sa lumière encore
plus agréable que la vive clarté du soleil,
prête à l'univers un nouveau lustre; mais
faute de spectateurs, une si belle décoration
devient inutile. Les yeux du ciel brillent de
toutes parts et s'enflamment pour toi. Tu
fais les délices de la nature entière, tu la ra-
nimes par tes regards. L'univers enchanté de
ta céleste beauté, se présente devant toi
pour te contempler. Je me suis levée pour
suivre ta voix, mais je ne t'ai point trouvé.
Je t'ai cherché partout, et toujours seule, à
ce qu'il me semblait, j'ai pris un chemin qui
m'a conduite à l'arbre défendu de la science;
il me paraissait plus beau que jamais. Je
l'admirais, quand j'ai vu à mes côtés une
figure ailée semblable à ces créatures célestes qui souvent se font voir à nos yeux. Ses
cheveux couverts de rosée distillaient l'ambroisie; il considérait aussi cet arbre : O belle
plante, a-t-il dit, tes douceurs et tes vertus
seront-elles toujours ignorées? La science
est-elle donc si méprisable? Il n'est que l'envie, ou qu'un injuste motif qui puisse en in-
terdire l'usage. Le défende qui voudra, nul
ne me privera plus longtemps des biens que
tu nous offres, ils ne sont point ici pour être
inutiles et rejetés. A ces mots, sans hésiter
un moment, il a porté une main téméraire à
ce fruit sacré, il en a goûté : je me suis sen-
tie glacée d'horreur, en voyant une action si
téméraire suivre de si près son sacrilège discours. Transporté de ce qu'il venait de faire,
il s'écrie : O fruit divin, que ta douceur est
extrême et qu'elle augmente encore quand

on te cueille d'une main furtive ! L'on ne te
défendrait point, si tu n'avais pas la vertu
d'élever l'homme à la divinité. Eh ! quel mal
quand il parviendrait à ce rang ? N'est-il pas de
la nature du bien de se communiquer ? Quelle
injure serait-ce pour le premier auteur ? Ce
partage ne tournerait-il pas à sa gloire ?
Viens, heureuse créature, charmante Eve,
viens participer à mon état : ton bonheur est
grand, il peut l'être davantage, et il n'est
point de félicité dont tu ne sois digne. Goûte
ce fruit, divinité terrestre, et te plaçant avec
les dieux sur le firmament, jouis de leur béatitude.

En finissant ces mots, il s'est approché de
moi, il m'a porté à la bouche de ce même
fruit; son odeur agréable m'a séduite : j'en
ai goûté; aussitôt je me suis envolée aux
nues, et j'ai vu sous moi la terre dans toute
son étendue présenter à mes yeux un aspect
vaste et divers. Surprise de mon vol et de
mon changement, je considérais ma haute
élévation, soudain mon guide a disparu, je
suis tombée avec violence : le sommeil a
supprimé le reste; mais quelle a été ma joie
lorsque j'ai trouvé en m'éveillant que ce n'é-
tait qu'un songe ! Eve raconta de la sorte sa
vision nocturne; Adam, sensible à sa peine,
lui répondit :

O ma chère image, ô la moitié de moi-
même, le trouble de tes pensées dans le
sommeil de cette nuit me touche également;
je ne puis souffrir ce songe extraordinaire;
je crains qu'il ne provienne de quelque mauvais principe; cependant quel serait ce
mauvais principe ? Il n'y en peut avoir en
toi. Je connais la pureté de ton origine et
celle de ton cœur, mais tu dois savoir que
dans l'âme se trouvent plusieurs facultés
subalternes qui servent la raison, leur sou-

veraine. Entre ces facultés, l'imagination
tient le premier rang ; c'est elle qui, rece-
vant les impressions des objets extérieurs
dont les sens sont affectés pendant que nous
veillons, forme de ces mêmes objets des images, des figures sur le rapport ou sur la dis-
cordance desquelles la raison fonde ce que
nous affirmons ou ce que nous rejetons, et
que nous appelons science ou opinion. Quand
la nature est livrée au repos, la raison se retire dans l'intérieur de son siège ; c'est alors
que l'imagination, qui se plaît à faire des
peintures, travaille librement ; mais faute de
savoir assortir les images, elle produit le
plus souvent dans le sommeil de la nuit des
mélanges bizarres, assemblant sans aucun
choix, sans aucune convenance, les choses
qui se rapportent le moins. Je crois même
entrevoir dans ce songe quelque liaison avec
notre dernier entretien ; mais j'y vois des ombres qui me font peine ; ne t'attriste pourtant point : l'idée du mal frappe quelquefois
l'esprit le plus sain. Cette idée involontaire
n'imprime aucune tache. Sans doute que
dans la pleine liberté de ta raison, tu rejet-
teras encore plus vivement ce qui t'a fait
horreur, même dans la confusion du sommeil ; reprends courage et ne charge point
de nuages ces beaux yeux, dont les doux regards ont plus de sérénité que l'aimable ma-
tinée quand elle commence à sourire au
monde. Levons-nous, allons nous occuper
agréablement dans les bocages, sur le bord
des fontaines et au milieu des fleurs. Leurs
calices s'ouvrent pour répandre leurs plus
douces odeurs, qui, renfermées pendant la
nuit, étaient tenues pour toi comme en réserve.

Adam rassurait de la sorte sa belle épouse,
et elle se sentit soulagée. Elle laissa couler

quelques larmes sans lui répondre ; il se ras-
semblait encore quelques gouttes dans ses
yeux attendris ; Adam les enleva par un
baiser. Il les regardait comme des signes
d'une conscience pure et d'une sainte frayeur
d'offenser l'éternel.

Ainsi son trouble se calma, et ils se disposèrent à sortir pour gagner la campagne.
Dès qu'ils purent librement découvrir la voûte
céleste et le soleil dont le char à peine hors
de l'onde effleurait de ses roues la surface de
l'Océan, ils se prosternèrent profondément ;
ils adorèrent le Dieu de l'univers, en lui pré-
sentant l'offrande accoutumée de leurs prières. L'amour leur fournissait toujours des
expressions nouvelles et de nouveaux transports pour louer leur créateur. Les paroles
qui naissaient sur leurs lèvres avaient une
douceur plus mélodieuse que celle du luth et
de la harpe ; ils commencèrent ainsi :

Ce sont là tes glorieux ouvrages, puissant
Père de tout bien. La structure merveilleuse
de cet univers est ta production : combien
es-tu donc toi-même admirable ! Ta grandeur
ne saurait s'exprimer. Elle s'élève au-dessus
des cieux et se dérobe à nos regards. Nous
ne pouvons te voir qu'obscurément dans tes
ouvrages sensibles ; cependant ces ouvrages
déclarent et ta bonté et ta puissance. Parlez,
habitants du ciel, anges, enfants de lumière,
vous le contemplez de près, et rassemblés
autour de son trône, vous faites retentir les
cieux de vos chants d'allégresse ; et vous,
créatures, qui êtes sur la terre, unissez-vous
pour l'exalter : il est le premier, le dernier,
le centre de tout, et sa circonférence n'a
point de bornes. Brillante étoile qui fermes la
marche des astres de la nuit ; toi, qui de ton
diadème de lumière couronnes le matin, songe
à glorifier l'éternel, pendant que les appro-

ches du jour font les délices de la nature.
Soleil, qui tout à la fois es l'œil et l'âme de
ce vaste monde, reconnais ton maître, va, et
dans ta course éternelle de l'Orient à l'Occident et du couchant à l'aurore, présente partout l'image de sa grandeur. Lune, qui tantôt te rencontres avec l'astre du jour, et qui
tantôt l'évites en fuyant avec les étoiles fixes
dans leur orbe mobile, et vous, planètes, feux
errants, dont les pas mystérieux sont accompagnés d'une si belle harmonie, concourez aux louanges de celui qui, du sein des
ténèbres, a tiré la lumière. Air, et vous éléments, fils aînés de la nature, qui sous une
infinité de formes différentes parcourez un
cercle perpétuel, et qui êtes le principe et la
base de tout, que votre changement continuel varie toujours de nouvelles louanges
pour notre créateur. Vous, brouillards, et vous,
exhalaisons qui vous élevez des montagnes
et des lacs en sombres tourbillons, jusqu'à ce
que le soleil dore vos vêtements, levez-vous
pour honorer le grand auteur du monde, soit
que vous montiez pour orner de nuages le
firmament uniforme en sa couleur, soit que
vous descendiez pour humecter par vos pluies
fécondes la terre altérée, célébrez toujours
les louanges du Seigneur. Vous, vents qui
soufflez des quatre parties du monde, publiez
ses louanges par vos douces haleines ou par
vos souffles violents. Cèdres, balancez vos
sommets, que chaque plante s'incline en signe d'adoration. Fontaines, et vous, ruisseaux, exprimez ses louanges par vos murmures. Vivantes créatures, unissez vos voix.
Oiseaux, qui vous élevez en chantant vers
les demeures célestes, portez sa gloire sur
vos ailes, annoncez-la dans vos ramages.
Vous qui nagez dans les eaux, et vous qui
marchez et rampez sur la terre, soyez tous

les témoins que je me fais entendre soir et matin aux montagnes, aux vallées, aux fontaines, aux ombrages, et que s'ils sont muets ou insensibles je leur prête et ma voix et mes sentiments pour rendre gloire au Seigneur. Grand Dieu, ne te lasse pas d'ouvrir sur nous tes mains libérales, mets le comble à tes bienfaits. Que ta bonté nous accorde toujours ce qui nous est avantageux, et, si la nuit a produit ou caché quelque mal, disperse-le comme la lumière dissipe l'obscurité.

Pleins d'une sainte innocence, ils prièrent de la sorte, et bientôt leur esprit recouvra la paix et le calme accoutumé. Ils songèrent ensuite à leurs champêtres ouvrages ; ils se rendirent aux endroits où les arbres surchargés de bois étendaient avec excès des branches, qui demandaient qu'une main sage réprimât leurs embrassements infructueux ; ils présentèrent la vigne pour épouse à l'ormeau, aussitôt elle entrelaça autour de lui ses bras, qui ne demandaient qu'à s'unir, et elle lui apporta en dot ses riches présents pour orner son feuillage stérile.

Le puissant roi des cieux fut touché du danger que couraient ses chers enfants. Il manda Raphaël, cet esprit sociable, qui daigna voyager avec Tobie, et qui défendit ses jours contre la violence du démon, funeste à sept maris, que la beauté de Sara sa femme avait successivement engagés.

Raphaël, lui dit-il, tu sais quel désordre Satan échappé de l'enfer à travers le gouffre ténébreux a causé dans le paradis terrestre ; tu sais ce qu'il a entrepris cette nuit pour troubler la félicité des deux justes qui l'habitent, et comment il se propose de ruiner en eux d'un seul trait toute leur postérité. Va donc, converse tout ce jour avec Adam,

comme un ami avec son ami : tu l'iras joindre dans le lieu où il se met à l'abri de la
chaleur du midi, pour réparer ses forces par
la nourriture et par le repos. N'omets rien
de ce qui peut lui faire le mieux sentir la félicité de son état. Son bonheur est entre ses
mains, c'est à lui à se l'assurer par l'usage
qu'il fera de sa liberté ; mais par la raison
même qu'il est libre, il peut abuser de son
pouvoir et de mes dons. Dis-leur qu'ils
prennent garde de se laisser surprendre,
fais-leur connaître le danger qu'ils courent,
préviens-les qu'un ennemi, que sa désobéissance à lui-même précipité du ciel, médite
les moyens de renverser leur fortune. Il n'em-
ploiera pas contre eux la violence, je ne le
souffrirai jamais. Qu'ils craignent seulement
une séduction flatteuse. Après des avis si
salutaires, ce serait en vain qu'ils voudraient
rejeter leur faute sur une ignorance invincible.

C'est ainsi que s'énonça la Justice même .
le ministre ailé reçut ses ordres et les exé-
cuta. Voilé de ses ailes magnifiques en écou-
tant l'Éternel, il prend son essor au milieu
des esprits bienheureux, qui s'ouvrent pour
lui faire passage. Il traverse l'empyrée d'un
vol rapide : bientôt il arrive aux portes du
ciel : les deux battants se tournent d'eux-
mêmes sur des gonds d'or. L'ouvrage avait
été conduit par la main du Tout-Puissant.

Le divin messager découvre ce vaste univers; les nuages, les astres ne lui en déro-
bent aucune partie, il reconnaît le globe de
la terre semblable aux autres globes lumineux; il voit le jardin de Dieu couronné de
cèdres plus élevés que les plus hautes montagnes. Ainsi de nuit on aperçoit à travers
le télescope qu'inventa Galilée, des terres et
des régions imaginées dans la lune, ainsi

d'une certaine hauteur un pilote découvre entre les cyclades Samos ou Delos, qui perdus encore dans l'éloignement, se montrent comme un faible nuage.

Raphaël traversa les vagues régions des cieux ; il précipite son vol vers la terre, et vogue, pour ainsi dire, entre divers mondes, tantôt entraîné par le courant des tourbillons, tantôt à la faveur des vents réglés. Arrivé au terme où les aigles peuvent s'élever, il remue vivement les ailes, et bat à coups pressés l'air souple et fluide. Les oiseaux surpris l'admirent comme le phénix, unique en son espèce, quand il vole vers Thèbes aux cent portes pour déposer ses précieuses cendres dans le sanctuaire du soleil.

Tout à coup il s'abat sur le sommet oriental du paradis, et reprend la figure d'un séraphin. Six ailes ombragent son divin corsage. Les deux premières couvrent ses épaules, et se rabattent sur sa poitrine comme un manteau royal. Deux autres, telles qu'une zone étoilée, lui servent de ceinture, et forment autour de ses reins une écharpe enrichie d'un duvet d'or, et de couleurs teintes dans le ciel. Celles d'en bas sortent de ses talons, et ses pieds sont voilés de leurs plumes d'azur pareilles au firmament. Tel la fable représente le fils de Maïa.

En arrivant il secoue ses ailes, qui répandent à la ronde une odeur divine. Les escadrons angéliques dont l'œil vigilant observait tout, le reconnurent d'abord, et comprirent qu'il s'agissait de quelque chose d'important. Ils se levèrent par respect pour son rang, et plus encore, pour les ordres d'en haut dont il était chargé. Il traversa leurs tentes et se rendit dans le champ bienheureux, en passant au milieu de bocages de myrte et de fleurs odoriférantes. Sur sa route le nard, le baume, une infinité de parfums naturels venaient à l'envi flatter l'odorat. La nature dans son printemps ne respirait que les plaisirs, elle se donnait l'essor, et dans ses aimables caprices, elle surpassait infiniment les productions de l'art.

Le soleil arrivé au plus haut point de sa carrière dardait à plomb ses rayons ardents, et portait jusque dans le cœur de la terre une chaleur immodérée pour l'homme. Adam assis à la porte de son berceau délicieux jouissait de la fraîcheur.

Il aperçut l'ange qui s'avançait vers lui à travers la forêt aromatique. Ève occupée à préparer un repas frugal, disposait avec art des fruits admirables qui satisfaisaient l'appétit, et leur laissaient goûter le plaisir de savourer à longs traits le nectar exprimé de différentes grappes dont le suc plus doux que le lait, étanchait agréablement la soif : Adam l'appela.

Viens, Ève, dirige ta vue entre les arbres vers l'Orient ; voici un spectacle digne de tes regards. Quel est cet objet environné de gloire qui porte ici ses pas ? Ne dirais-tu pas qu'une seconde aurore se lève au milieu du jour ? Sans doute que l'on nous apporte quelque grande nouvelle du ciel. Ce divin messager ne dédaignera peut-être pas l'hospitalité que nous lui offrirons. Dépêche-toi, prends l'élite des fruits que tu conserves ; n'épargne rien pour traiter d'une manière convenable notre hôte céleste. Nous pouvons bien offrir à nos bienfaiteurs leurs propres présents, et nous ne devons point hésiter à donner abondamment de ce qui nous est donné sans mesure. La nature multiplie ses riches productions, et devient d'autant plus féconde qu'on en tire davantage.

—Oui, Adam, lui dit-elle, je vais cueillir ce que la nature nous fournit de plus rare en chaque espèce pour traiter l'ange qui nous honore de sa visite, et je ferai si bien, que témoin de l'abondance où nous vivons, il avouera que la libéralité de Dieu se fait sentir sur la terre comme dans le ciel.

A ces mots elle part d'un air actif, toute occupée du choix qu'elle doit faire pour offrir à leur hôte ce qu'il y avait de plus délicat; elle dispose en son esprit l'ordre des services, afin de ne pas faire un mélange mal entendu. Dans son arrangement elle veut que l'appétit soit piqué par la diversité la plus agréable.

La voilà qui cueille de tous les fruits que la terre, mère féconde en productions, fait connaître dans l'Inde orientale ou occidentale, ou dans les pays qui sont situés entre les deux, le Pont ou la rive punique, ou bien aux lieux où régnait Alcinoüs. Elle accompagne ses fruits de guirlandes, et d'une main délicate elle les dresse en pyramide. Pour la boisson elle écrase des grappes dont elle tire un vin délicieux et bienfaisant, malgré sa nouveauté. De l'extrait de plusieurs petits fruits, elle compose d'excellentes liqueurs, et des amandes pilées elle fait diverses crèmes. La nature avait pris soin de lui fournir des vases propres et commodes.

Cependant notre premier père s'avançait au-devant de son hôte céleste. Il n'avait point d'autre suite que ses perfections. Dans lui-même était toute sa grandeur, plus auguste que la pompe des princes, quand leur cortège nombreux d'écuyers chamarrés d'or, et de chevaux menés en main éblouit le peuple, fixe ses yeux et le transporte comme en extase. A son approche Adam ne fut point intimidé, mais il s'inclina d'un air soumis et

respectueux, comme il convenait devant
une nature supérieure, et lui tint ce discours :

Habitant du ciel (car nul autre monde que
le ciel ne peut posséder une aussi noble
substance) puisque tu as bien voulu descen-
cendre des trônes d'en haut, et te priver
quelque temps de cet heureux séjour pour
honorer notre demeure, ne dédaigne point
de venir te reposer avec nous. La bonté divine nous a mis en possession de ce domaine
spacieux, acceptes-en les fruits les plus
choisis. Nous converserons à l'ombre de notre berceau jusqu'à ce que la chaleur du
midi soit passée, et que le soleil moins ardent commence à décliner.

Adam, c'est là le motif qui m'amène, reprit l'ange ; l'etat dans lequel tu as été créé,
et le lieu que tu occupes peuvent bien engager les esprits du ciel à te visiter. Allons, je
te donne le reste de la journée.

Ils entrèrent dans leur champêtre retraite
qui réjouissait la vue, comme les berceaux de
Pomone ornés de fleurs et de parfums. Eve,
plus charmante par sa seule beauté que la
déesse des bois, ou que la plus belle de ces
trois divinités, qui, suivant la fable, exposè-
rent toutes leurs grâces sur le mont Ida,
Eve se tint debout pour faire honneur à son
hôte céleste. Elle n'avait pas besoin de voile ; sa vertu la voilait assez. Nulle pensée
déréglée n'altérait le coloris de ses joues.
L'ange lui donna la salutation, la sainte salutation qui prépara dans la suite des temps
la fille de Jessé à recevoir en ses flancs le
fils de l'Eternel.

Je te salue, mère du genre humain, toi
dont les entrailles fécondes donneront au
monde plus d'habitants que les différentes
espèces d'arbres, dont tu as cueilli ces fruits,

—ne produiront jamais de fleurs et de feuilles.
Leur table était un gazon relevé qu'entou-
raient des siéges de mousse. Sur son ample
surface l'automne et le printemps semblaient
se disputer l'honneur du repas : ici ces deux
saisons se tenaient toujours par la main.
Notre premier père invita l'ange par ces mots:

Céleste étranger, oserai-je t'offrir ces fruits
délicieux que notre Créateur, source de tout
bien, a fait produire à la terre pour notre
subsistance et pour notre plaisir? Peut-être
ces aliments sont-ils insipides pour des natures spirituelles, mais je sais qu'un seul
Père qui est dans le ciel donne à tous la
nourriture.

Ce que tu dis est vrai, répondit l'ange ;
tout ce qui a été créé a besoin d'être nourri
et sustanté. Le plus grossier des éléments
nourrit le plus subtil. La terre nourrit la
mer, et la terre avec la mer nourrissent
l'air. L'air sert de pâture à ces feux éthérés,
à commencer par la lune, comme étant la
plus basse. Les taches de son visage proviennent des vapeurs qui ne sont point encore purifiées ni changées en sa substance. La lune exhale aussi de son humide
continent de la nourriture aux orbes plus
élevés. Le soleil qui départ à tout la lumière
reçoit du tout un tribut d'humides exhalaisons, et s'abreuve le soir des eaux de l'Océan.
Dans le ciel, les arbres de vie portent la
douce ambroisie, et les vignes distillent le
nectar. Lorsque l'aurore se lève, nous ra-
massons sur les feuilles des rosées de miel,
et nous trouvons le terrain couvert de perles; mais la bonté de Dieu a répandu ici une
si grande variété de nouvelles délices, qu'elles peuvent être comparées à celles des cieux,
et je ne ferai point de difficulté de partager
ta nourriture.

Ils s'assirent donc; l'ange mangea ou parut manger avec eux. Eve servait leur table, et couronnait fréquemment leurs coupes de liqueurs agréables. O innocence digne du paradis ! C'était alors mieux que jamais que les fils de Dieu eussent eu sujet d'être épris d'amour, en voyant cette rare beauté, mais dans ces cœurs purs l'amour régnait sans débauche, et la jalousie, l'enfer des amants, était inconnue.

Après ce frugal repas, Adam conçut le dessein de ne pas laisser échapper l'occasion de s'instruire de ce qui est au-dessus du monde. Il résolut de s'informer de la condition de ces êtres relevés qui habitent dans le ciel. Il sentait visiblement qu'ils possédaient une excellence fort supérieure à la sienne. Leur gloire est un écoulement de la splendeur divine, et l'homme au prix d'eux n'est que faiblesse. Il s'adressa donc au ministre céleste avec la plus respectueuse circonspection.

Illustre témoin de la gloire de Dieu, je sens toute l'étendue de tes bontés, et l'honneur que reçoit aujourd'hui l'homme dont l'humble toit ne t'a pas rebuté, tu as daigné goûter de nos fruits terrestres. Ils n'étaient pas dignes de t'être présentés, mais ta complaisance les a acceptés sans nous marquer aucun regret d'avoir quitté les tables du ciel : cependant quelle comparaison !

Adam, répliqua le ministre ailé, il est un seul Tout-puissant, de qui procèdent toutes choses, et vers qui elles remontent, si elles ne se sont dépravées; car il n'a créé rien de mauvais : par lui, la matière a été pourvue de diverses formes et de différentes propriétés. Tout ce qui possède la vie ne respire qu'en lui : il a réglé la sphère de tous les êtres. Les plus subtils et les plus purs sont situés près de son trône, où tendent sans cesse à s'en rapprocher, en se dégageait de la matière suivant des degrés proportionnés à chaque espèce. Ainsi, de la racine terrestre s'élève la tige plus légère. Les feuilles plus aériennes viennent ensuite, puis la fleur parfaite exhale des esprits odoriférants. Les fleurs et les fruits, aliments de l'homme subtilisés par diverses gradations, se convertissent en esprits volatiles, et donnent à la partie animale et à l'intellectuelle, la vie, le sentiment, l'imagination et l'entendement, d'où se forme la raison. Cette lumière est l'essence de l'âme, qui conçoit les choses par le raisonnement, ou qui les saisit tout d'un coup par les yeux de l'esprit. Vous faites plus d'usage du premier moyen, et nous du dernier; car nous possédons la raison comme vous; mais nous la possédons dans un degré plus éminent. Ne t'étonne donc pas si je ne refuse point les productions que le Seigneur a créées, pour servir à l'homme de nourriture. Peut-être un jour viendra que tes enfants participeront au sort des anges, et à la manne céleste dont ils font leurs aliments ordinaires, peut-être même avec le temps, perfectionnés par cette nourriture, les corps des hommes se changeront en esprits, et s'étendront comme nous par les airs, ou pourront habiter à leur choix sur la terre, ou dans les célestes demeures; il faut pour cela que vous persévériez et que vous conserviez l'amour ferme, parfait, inaltérable, de celui dont vous êtes les enfants. Cependant jouissez pleinement de la félicité qui vous est accordée : vos idées ne sauraient aller plus haut.

Esprit favorable, hôte propice, répondit le patriarche du genre humain, la nature se développe à tes yeux, depuis son centre jusqu'à sa circonférence. Les objets sensibles qu'elle nous présente sont autant de moyens par lesquels nous pouvons, dans la contemplation des choses créées, nous élever par degrés jusqu'à l'Eternel. Mais que veut dire, je te prie, cet avertissement; il faut que vous persévériez. Pouvons-nous lui manquer d'obéissance? Ou pouvons-nous cesser d'aimer celui qui nous a tirés du néant, et qui nous comble ici de tous les biens que le cœur humain peut, ou désirer ou comprendre?

L'ange lui répondit : Fils du ciel et de la terre, écoute. Tu dois au Très-Haut le commencement de ton bonheur, mérites-en la continuation par ton obéissance. Ainsi ta félicité sera solide et durable. Prends-y garde, Dieu t'a formé dans l'état de perfection, mais il ne t'a pas donné l'immutabilité, elle n'appartient qu'à lui, tu peux te corrompre, car tu es libre. Sans cela ta volonté n'aurait point d'action, ta vertu point de mérite. Nous avons été soumis à la même épreuve, et ceux d'entre nous qui ont profané cette liberté par la désobéissance, sont tombés du ciel, jusqu'au plus profond des enfers. O chute terrible! que tu rends malheureux ceux que leur état élevait au comble de la félicité.

Divin messager, repartit notre premier père, tes paroles ont plus charmé mon oreille attentive que ne font les chœurs des chérubins quand de nuit, du haut des montagnes voisines, ils viennent réjouir notre solitude par leur céleste musique. Je sais que j'ai été créé libre, mais mon cœur me répond que nous n'abuserons jamais de notre liberté. Nous aimerons toujours notre Créateur, nous aurons toujours devant les yeux l'ordre absolu, mais juste, qu'il nous a donné; cependant la catastrophe arrivée dans le ciel, laisse de la confusion dans mon esprit; le peu que tu m'en as dit, excite dans moi le désir d'en

—savoir davantage. Ce grand événement a sans doute de quoi surprendre, et mérite bien notre attention. Le jour est encore dans toute sa force; le soleil n'a parcouru qu'une partie de sa carrière, il commence à peine l'autre moitié dans la grande zone du ciel.

Raphaël se rendit à sa prière, et commença :

Père des hommes, qu'il est difficile de satisfaire à ta demande: comment exposer aux sens humains la guerre et les exploits des esprits invisibles? Puis-je raconter sans regret la ruine de tant de substances si glorieuses, si parfaites avant leur chute? Dois-je enfin révéler les secrets d'un autre monde? Mais ton intérêt m'engage à t'accorder ce que tu désires. Je donnerai des ombres corporelles aux choses spirituelles; je mettrai sous des figures sensibles ce qui surpasserait la portée de l'esprit humain. Que dirais-tu, si je te faisais entendre que la terre est en petit l'image du ciel, et que les choses des deux mondes se ressemblent plus que l'on ne s'imagine?

Le monde n'existait point encore, le chaos barbare régnait où roulent maintenant les tourbillons, et où la terre se repose suspendue sur son centre : quand un jour (car au milieu même de l'éternité, le temps déterminé par les diverses mesures du passé, du présent et de l'avenir, tout ce qui est sujet à la durée), un jour, dis-je, de ceux qui composent la grande année des cieux, l'armée de l'Eternel eut ordre de s'assembler; aussitôt des extrémités de l'espace que Dieu remplit de son immensité, une multitude innombrable d'anges rangés sous leurs divins généraux comparut devant le trône du Tout-Puissant. Mille et mille enseignes déployées, étendards et drapeaux entre l'a-

vant et l'arrière-garde flottaient par les airs et
servaient à distinguer les hiérarchies, les
ordres et les degrés. L'on voyait dans leurs
tissus brillants, les blasons mémorables et
sacrés d'actes authentiques de zèle et d'a-
mour. Les célestes légions s'avancèrent pompeusement, elles environnèrent le Dieu des
armées, et formèrent autour de lui une infinité de cercles redoublés les uns sur les autres : alors l'Eternel, tenant entre ses bras
son fils auguste qui reposait dans le sein de
la béatitude, fit entendre sa voix du haut
d'une montagne de feu, dont l'éclat rendait
le sommet invisible.

Ecoutez, anges, enfants des lumières, trônes, dominations, principautés, vertus, puissances, écoutez mes décrets. Aujourd'hui j'ai
engendré celui que je déclare mon fils unique, et je l'ai sacré sur cette montagne; c'est
lui que vous voyez à ma droite : je le cons-
titue votre chef, et j'ai juré par moi-même
que tous genoux fléchiront devant lui, et
que toutes créatures le reconnaîtront pour
leur souverain. Unis indivisiblement sous
cet autre moi-même, soyez à jamais heureux. Lui obéir, c'est m'obéir; l'offenser c'est
m'offenser. Le rebelle divisé de moi, et arra-
ché du sein de la béatitude, sera englouti
dans d'affreuses ténèbres, où sa place est or-
donnée sans rédemption, sans fin.

Il parla et l'on respecta. Tout se tut, tout
parut soumis : quelques-uns cependant con-
çurent de l'ombrage. Des pensées de révolte
s'élevèrent dans eux en secret. Ce jour fut
un grand jour dans le ciel, on le mit au rang
des plus solennels. Le mont sacré retentit de
cantiques éclatants : les danses mystiques
n'y furent point oubliées : ainsi s'ébranlent
les planètes et les étoiles fixes dont les tourbillons et les labyrinthes tortueux sont tou-

jours très réglés, quoiqu'ils semblent quelquefois irréguliers. Ces danses, soutenues d'une harmonie divine et de tons ravissants, plurent au céleste monarque.

Déjà la nuit s'approchait, car nous avons aussi notre soir et notre matin pour la variété, non pour la nécessité, un doux repas succéda à ces plaisirs. Les tables dressées furent en un instant chargées de la nourriture des anges, et semblable au rubis, le nectar, fruit des vignes délicieuses que porte le ciel, coula dans des coupes d'or, de perles et de diamants. Assis sur les fleurs et couronnés de fraîches guirlandes, ils mangent, ils boivent, et, dans une sainte union, ils avalent à longs traits la joie et l'immortalité. Au milieu de cette plénitude, ils n'ont point d'excès à craindre : Dieu, par sa présence, autorise leurs transports, et sensible à leur bonheur, il verse sur eux un torrent de délices.

Quand les brouillards, s'élevant de ce haut mont, d'où sortent la lumière et l'ombre, eurent changé la brillante face du ciel en un beau crépuscule, car la nuit ne l'attriste jamais de son voile lugubre. Quand la fraîche rosée eut tout disposé au sommeil, excepté les yeux de Dieu qui ne se ferment jamais, la milice du Tout-Puissant, dispersée sur la plaine bien plus vaste que ne serait la surface de la terre aplatie, se campa sur plusieurs colonnes au long des sources pures parmi les arbres de vie. On vit en un moment des pavillons et des tentes innombrables dressés. Zéphyr y porta la douce fraîcheur. Ils s'y livrèrent à un tranquille repos, excepté ceux qui étaient destinés à chanter pendant la nuit des hymnes mélodieux autour du trône suprême. Satan ne s'endormit point aussi : un motif bien différent s'opposait à son repos. Satan, ainsi l'appelle-t-on depuis sa révolte, son ancien nom ne se prononce plus dans le ciel. Il était l'un des premiers, si même il n'était pas le premier archange; mais ce pouvoir, cette élévation, cette faveur, cette prééminence lui faisaient regarder avec envie l'intervalle qui était encore entre le fils de Dieu et lui. C'était avec un regret mortel qu'il voyait ce fils honoré en ce jour, par son auguste père, du titre de Messie, et élevé sur le trône par l'onction sacrée. L'orgueil lui rendait cette vue insupportable. Il s'imaginait voir dans cette grandeur naissante, son propre abaissement. Frappé de cette humiliante idée, il prit conseil de la malice et du dépit, aussitôt que la nuit, au milieu de sa course, eut amené l'heure sombre, la plus amie du sommeil et du silence, il résolut de s'éloigner avec ses légions, et de supprimer par mépris le tribut d'adoration et d'obéissance qu'il devait au Très-Haut. Après avoir enfanté ce dessein criminel, il éveille son second et lui dit en secret :

Dors-tu, cher ami? Le sommeil peut-il fermer tes paupières? Ne te souvient-il plus du décret prononcé par l'Eternel? Tu me fis toujours part de tes pensées les plus secrètes, je t'ai toujours communiqué les miennes : notre union intime ne s'est jamais démentie : commencerions-nous aujourd'hui à nous diviser? On nous impose de nouvelles lois : ces lois nouvelles doivent nous inspirer de nouvelles idées, de nouveaux desseins; mais il ne s'agit point ici d'en examiner le péril, moins encore de le publier. Rassemble les chefs de nos légions, dis-leur que l'ordre d'en haut m'oblige de partir avant que la nuit ait retiré ses sombres nuages : ordonne à tous ceux qui marchent sous mes étendards, de me suivre le plus rapidement qu'ils pourront dans mes quartiers de l'Aquilon. C'est là que nous devons faire les préparatifs convenables pour la réception du grand Messie, et pour prendre les ordres de ce nouveau monarque. Il va se montrer aux célestes hiérarchies, dont il attend l'hommage.

L'archange perfide parla de la sorte, et il porta son venin dans le cœur imprudent de son associé. Chargé de ses ordres, il court, il vole, il aborde les puissances qui commandent sous lui : il leur enjoint de faire marcher sur l'heure et de nuit, selon l'ordre du général, le grand étendard de leur hiérarchie; il leur expose le motif prétendu de cette marche forcée, et il sème dans l'armée des discours malins, pour sonder ou pour corrompre l'intégrité.

Ils obéirent au signal ordinaire et à la voix impérieuse de leur chef : son nom était grand, en effet, et il occupait dans le ciel un rang considérable. Son aspect les entraîna comme l'étoile du matin emmène les astres du firmament, et le mensonge détourna à sa suite la troisième partie de l'armée des cieux.

La rébellion naissante n'échappa pas à l'œil de l'Eternel : sa vue discerne les plus secrètes pensées du haut de la sainte montagne, au milieu des lampes d'or qui brûlent toute la nuit en sa présence, quoiqu'il pût se passer de leurs feux. Il distingua les auteurs du mal; il vit comment cette contagion s'était répandue parmi les astres du matin. Il considéra les multitudes liguées pour s'opposer à son auguste décret, et se riant de leurs vains projets, il parla ainsi à son fils unique :

Mon fils, en qui j'envisage ma divinité dans toute sa splendeur, héritier de ma gloire, cet empire, que nous possédons de tout temps et avant les temps, est menacé. Un ennemi formidable s'élève contre nous, il conteste nos droits, brave notre puissance et déjà il occupe les régions du Nord. L'insensé n'a-t-il pas prétendu nous renverser du trône, nous chasser de notre sanctuaire et régner sur la sainte montagne? Ne va-t-il pas triompher de toutes nos forces?

Mon père, répondit le fils avec un aspect serein, calme, ineffable et brillant de la divinité : vous méprisez avec justice des ennemis si insolents et si faibles. Leurs tumultes audacieux vont faire éclater ma gloire. L'envie dont ils brûlent est un hommage forcé qu'ils me rendent : elle déclare et ma puissance et leur subordination. L'événement justifiera bientôt si je sais humilier les superbes et subjuguer les rebelles.

Le fils de Dieu s'exprima dans ces termes. Satan, secondé de ses généraux, emmenait précipitamment son armée, pareille en nombre aux astres de la nuit, ou aux gouttes de rosée que le soleil met en perles sur les feuilles et sur les fleurs. Ils traversèrent d'immenses provinces, puissants gouvernements de séraphins, potentats et trônes dans leurs triples degrés. Auprès de ces vastes régions, ton domaine, Adam, est moins considérable, que n'est ton jardin comparé à la surface du globe entier, de la terre et de la mer. Après une longue marche ils arrivèrent sur les frontières de l'Aquilon. Satan monta sur un trône resplendissant, qui se présentait de loin comme un mont élevé sur un mont. Des pyramides et des tours bâties de quartiers de diamants et d'or massif en relevaient l'éclat. Tel était le lieu où le grand Lucifer plaça son palais; car c'est ainsi que, dans le langage des hommes, on appelle cette structure : affectant toute égalité avec Dieu, il s'établit sur un mort, à l'imitation du lieu où le Messie avait été proclamé aux yeux des anges.

Il nomma l'endroit où il assembla ses troupes le mont de l'Alliance. Il leur fit entendre qu'il avait ordre de tenir conseil, afin de régler tout, pour recevoir d'une manière convenable leur grand roi, qui devait bientôt arriver, et par des discours captieux, il suspendit ainsi leurs oreilles.

Trônes, dominations, principautés, vertus, puissances : si ces titres magnifiques nous restent encore et ne sont pas un vain nom : car par la nouvelle proclamation, un autre a usurpé l'empire absolu, et va nous asservir en vertu de l'onction royale qu'il a reçue; c'est pour lui que s'est faite cette marche nocturne et turbulente. Nous avons été brusquement assemblés, afin de préparer les honneurs que nous devons lui rendre. Il vient recevoir de nous un tribut de génuflexions que nous n'avons point encore payé. Apprenez à vous humilier et à vous anéantir devant lui. Mais quoi, pourrez-vous consentir à vous courber sous un joug nouveau? Laisserez-vous resserrer encore votre esclavage? C'est déjà trop d'un maître, en voulez-vous servir deux? Vous n'en ferez rien, si je puis me flatter de vous connaître, ou si vous osez vous-même vous connaître. Vous êtes tous natifs et fils du Ciel : le despotisme n'y a point eu lieu jusqu'ici. Si vous n'êtes pas tous égaux, vous êtes également libres. Les ordres et les degrés ne détruisent point la liberté. Qui peut donc, avec la moindre apparence de justice ou de raison, s'ériger en monarque absolu sur ceux qui sont de droit ses égaux en liberté, quand même ils seront moindres en puissance et en splendeur?

Peut-il nous assujettir à des lois? Nous n'avons pas besoin de loi, puisque nous sommes hors des atteintes du crime. Quel droit a-t-il d'usurper la souveraineté et d'exiger de nous des adorations, au préjudice de ces titres royaux, qui montrent que nous sommes faits pour gouverner et non pas pour servir.

Ses légions l'écoutaient, quand parmi les séraphins, Abdiel se leva: fidèle adorateur de la divinité, il obéissait avec ferveur aux ordres du Ciel, et brûlant d'un zèle sévère, il arrêta ainsi le cours de sa fureur.

O scandale, ô crime, ô blasphème! eût-on jamais cru entendre dans le Ciel de semblables discours? Mais surtout les eût-on entendus de toi, ingrat! Si élevé au-dessus de tes pareils par la main de celui que tu oses attaquer, peux-tu, par une impiété sans exemple, condamner le juste décret que le Seigneur vient de prononcer? Il a juré que devant son fils unique, légitime héritier de son sceptre, chacun fléchira les genoux, lui rendra l'hommage et le reconnaîtra pour monarque. Tu dis qu'il est injuste d'asservir à des lois ceux qui sont nés libres, de souffrir qu'un égal règne sur ses égaux et d'être perpétuellement soumis à l'empire d'un seul. T'appartient-il de donner des lois au Très-Haut? Disputeras-tu contre lui sur le point de la liberté? Il t'a fait ce que tu es, il a créé les puissances du Ciel dans le degré qu'il a voulu et il les a renfermées dans de certaines limites. Quoiqu'il nous ait donné des bornes, nous ressentons sans cesse les effets de sa bonté, et les soins qu'il prend de notre gloire nous prouvent suffisamment qu'il ne pense point à nous dégrader: il songe plutôt à augmenter notre bonheur, en nous unissant plus intimement sous un chef. Tu te plains qu'on te veut faire l'esclave de ton égal. Est-ce donc dans son Verbe adorable que tu vois ton égal? Non, ta gloire et toutes les vertus célestes réunies ne peuvent égaler ce fils qu'il a engendré. N'est-ce pas par ce Verbe que le père Tout-Puissant a formé le Ciel et les anges : c'est lui qui les a couronnés de gloire et qui les a nommés par honneur, trônes, dominations, principautés, vertus, puissances. Son règne ne donne aucune atteinte à l'essence de notre pouvoir, il ne l'obscurcit point, au contraire nous recevons un nouveau lustre d'un chef qui daigne nous associer à lui comme ses propres membres. Nous partageons son empire; sa gloire rejaillit sur nous. Téméraire, réprime, s'il en est temps, réprime ces mouvements impies; ne tente plus ces esprits qui ont la faiblesse de t'écouter : hâte-toi d'apaiser la juste indignation, et du père et du fils. Les moments sont chers : j'entends déjà la foudre gronder sur ta tête criminelle.

Ainsi s'exprima le serviteur de Dieu; mais des cœurs déjà coupables n'en furent pas touchés. Ils regardèrent son zèle comme un effet de sa timidité : l'apostat s'en réjouit et plus hautain il répliqua :

Tu dis que nous avons été créés, et pour nous abaisser encore davantage, tu veux que le père ait abandonné à son fils le soin de nous former : certes, le point est étrange et nouveau. Nous voudrions bien savoir où tu as puisé cette doctrine; quels yeux ont été les témoins de cette création? Te souvient-il du moment où ton créateur t'appela du néant? Nous ne connaissons point de temps où nous n'ayons existé; nous n'en connaissons point qui nous précède. Nous nous sommes élevés, nous nous sommes produits par notre pouvoir actif, quand le moment marqué par l'enchaî-

nement fatal des choses est arrivé. Voilà
notre origine . notre puissance vient de nous,
notre bras nous portera encore plus haut, et
décidera si nous avons un maître. Tu verras
si nous nous servirons de prières soumises,
et si nous environnerons le trône du Tout-
Puissant en qualité de suppliants ou d'assail-
lants. Va, porte ces nouvelles au jeune monarque, fais-lui part de nos desseins, et vole
avant qu'un déluge de maux te coupe la retraite.

Il dit, et l'on entendit dans toute l'armée
un murmure confus d'applaudissements, semblables au bruit de la mer en fureur. Le séraphin n'en fut point intimidé. Il était seul au
milieu de ses ennemis; mais uni à son Dieu,
il se trouva assez fort pour répondre avec
fermeté.

Esprit rebelle à ton maître, esprit maudit
et abandonné, je vois ta chute prochaine, je
vois les partisans de ta perfidie enveloppés
dans ta ruine : je les vois partager et ton
crime et ton châtiment: secoue, si tu le peux,
le joug du divin Messie : il n'a plus aucun
rapport avec toi; il n'a plus d'ordres à te con-
fier. D'autres décrets sont lancés contre toi,
sans retour. Tu l'as méprisé ce sceptre d'or
que nous adorons dans ses mains : il se
changera pour toi en verge de fer. Si je m'é-
loigne de toi, ce ne sont ni tes avis, ni tes
menaces qui m'y déterminent. Je fuis ces
tentes maudites; je crains que la colère s'en-
flammant contre ton armée, ne me confonde
avec toi : tu sentiras bientôt sur ta tête le
feu dévorant de son tonnerre. Alors connais
en gémissant qui t'a créé, quand tu verras
qui peut te détruire.

Ainsi parla le séraphin Abdiel, seul fidèle
au milieu d'une multitude infidèle : le nombre des esprits rebelles ne lui causa point

de frayeur, et leur exemple ne l'ébranla point. Il se tint ferme à la vérité ; il conserva l'obéissance, l'amour et le zèle qu'il devait à Dieu, et se retirant du milieu d'entre eux, il traversa leurs rangs, qui le couvrirent d'injures, mais elles ne firent sur lui nulle impression. Il rendit mépris pour mépris, et tourna le dos à ces tours orgueilleuses dont la ruine était déjà prononcée.

FIN DU LIVRE CINQUIÉME

LIVRE SIXIÈME

ARGUMENT

Raphaël continue sa narration. Il apprend à Adam comment Michel et Gabriel eurent ordre de marcher contre Satan et ses anges. Description du premier combat dans le ciel. Satan et ses puissances se retirent à la faveur de la nuit. Il assemble un conseil, invente des machines infernales, qui dans le combat suivant causent quelque désordre dans l'armée de Michel, mais enfin les bons anges arrachent les montagnes et enterrent les machines de Satan. Le désordre s'augmentant de plus en plus, l'Éternel envoie son Fils à qui l'honneur de cette victoire était réservé. Il vient sur le champ de bataille, revêtu de la puissance du Père, et défendant à ses légions de faire aucun mouvement, il pousse son char, et s'avance le foudre à la main. Ses ennemis sont d'abord renversés, il les poursuit jusqu'à l'extrémité du ciel qui s'ouvre en deux : les démons se précipitent jusqu'au fond de l'abîme que la justice divine leur avait creusé. Le Messie triomphant retourne vers son Père.

L'ange intrépide poursuivit sa route à travers les vastes plaines des cieux. Ni le temps du sommeil, ni les efforts de ses ennemis ne purent l'arrêter. Enfin l'Aurore éveillée par les heures qui courent sans cesse, ouvrit avec ses doigts de rose les portes du Jour. Dans le mont de Dieu, près de son trône, il est un souterrain où la lumière et l'obscurité faisant une perpétuelle ronde, passent et repassent tour à tour; ainsi le Ciel jouit de l'agréable vicissitude du jour et de la nuit. La lumière sort et l'obscurité rentre avec soumission par l'autre porte, en attendant paisiblement l'heure de voiler l'empyrée; mais les voiles qui couvrent ces hautes régions sont clairs et déliés, il y reste toujours un beau crépuscule.

Déjà le matin, tel qu'il est dans ces heureuses contrées, s'avançait brillant d'or céleste. La nuit percée des traits du jour naissant, disparaissait devant lui, quand toute la plaine, couverte d'escadrons étincelants, en ordre de bataille, de chariots de guerre, d'armes flamboyantes et de chevaux de feu, qui se renvoyaient les uns aux autres une lueur éclatante, s'offrit pour la première fois aux yeux d'Abdiel. Il aperçut le terrible appareil des combats et il trouva que la nouvelle qu'il rapportait était déjà publique.

Plein d'allégresse, il se mêla parmi ces puissances amies, qui le reçurent en poussant des cris joie, à la vue de ce sujet fidèle sauvé du milieu de la perdition. Ils le conduisirent avec un applaudissement général vers le mont sacré, et ils le présentèrent devant le trône suprême; alors une douce voix fit entendre ces mots, du milieu d'un nuage d'or.

Serviteur de Dieu, tu as rempli ton devoir. Le Tout-Puissant t'a vu, avec complaisance, soutenir seul contre un nombre de rebelles, la justice de ta cause. Tes discours ont été plus tranchants que leurs armes. Les traits injurieux de leurs langues ne t'ont point empêché de rendre témoignage à la vérité. Tu n'avais d'autre envie que d'être agréable aux yeux du Seigneur. Tu as fait le plus rude pas; achève, et sûr de la victoire, au nom de celui que tu as défendu, marche contre tes ennemis. La gloire qui t'attend te dédommagera bien des mépris que tu as essuyés. Va, soumets par la force ceux qui ont secoué le joug de la raison, et qui ne veulent point accepter pour leur roi, le Messie, que ses perfections constituent le monarque légitime. Michel, prince des armées célestes, et toi, dont la valeur peut égaler la sienne, Gabriel, conduisez tous deux au combat mes légions

Invincibles. Conduisez mes saints, armés en ordre de bataille, par mille et par millions. Marchez en nombre égal contre ces rebelles : employez et la flamme et le feu meurtrier, et les poursuivant jusqu'à l'extrémité du Ciel, chassez-les de la présence de Dieu; qu'ils aillent gémir dans le lieu des tourments, dans le gouffre du Tartare, qui s'ouvre pour les engloutir.

La voix souveraine s'exprima de la sorte : aussitôt les nuages commencèrent à obscurcir la sainte montagne, et de noirs tourbillons de fumée entrecoupés de flammes annoncèrent la colère toute prête à éclater. A travers ces horreurs la bruyante trompette du Très-Haut fit entendre ses sons perçants. Les puissances qui soutenaient la cause de Dieu et du Messie s'unirent, sous leurs divins chefs, en un bataillon carré, épais, impénétrable, et firent mouvoir, sans confusion, leurs brillantes légions, au son harmonieux d'instruments qui inspiraient une ardeur digne des guerriers de l'Eternel.

Ils marchent en avant dans un ordre que rien ne peut rompre. En vain les montagnes s'opposent et les vallées se resserrent; ni les forêts ni les rivières ne divisent leurs rangs. Ils s'élèvent par dessus tout ce qu'ils rencontrent, et l'air, obéissant aux coups redoublés de leurs ailes, soutient leurs légers escadrons. Ainsi les oiseaux s'avançaient en volant sur diverses files, quand ils comparurent au-dessus d'Eden pour te demander leurs noms. Tels ils traversèrent les immenses contrées du ciel et plusieurs provinces, dix fois plus vastes que toute la surface de la terre.

En tirant vers le nord, au bout de l'horizon, nous vîmes comme une région de feu qui présentait d'un bout à l'autre la face de la guerre. Quand nous fûmes plus proches, nous distinguâmes la campagne hérissée d'une infinité de lances menaçantes, avec un nombre prodigieux de heaumes et de boucliers chargés de peintures et d'emblèmes orgueilleux. Nous reconnûmes les puissances de Stan qui s'avançaient avec une précipitation furieuse. Les rebelles croyaient en ce jour emporter le mont de l'Éternel. Ils se flattaient de placer sur son trône le superbe concurrent qui leur avait mis les armes à la main ; mais leurs projets s'évanouirent bientôt. Il nous parut d'abord extraordinaire que les anges dussent combattre contre les anges. Fils d'un même auguste Père, nous nous étions trouvés jusqu'alors unis, dans des fêtes de joie et d'amour, pour chanter à l'envi des hymnes en l'honneur de son saint nom.

L'on pousse de part et d'autre des cris de guerre : toute pensée pacifique s'éloigne, la fureur seule règne. L'Apostat, entouré des chérubins couverts de boucliers dorés, paraissait comme un dieu sur son char. Il descendit de son trône éclatant. Les deux armées n'avaient plus entre elles qu'un intervalle étroit, mais d'autant plus terrible. On les voyait en présence l'une de l'autre, front contre front, dans un ordre formidable. Avant que l'on en vînt aux mains, Satan, sous une armure d'or et de diamant, s'avança à grands pas et se poussa comme une tour à la tête de son avant-garde ténébreuse. Abdiel, du milieu des plus puissants guerriers, l'aperçut, l'indignation le transporta, et, brûlant de se signaler, il anima de la sorte son cœur intrépide :

O ciel ! faut-il que l'image du Très-Haut brille encore où la foi et la vérité ne se trouvent plus? Pourquoi la force et la puissance ne manquent-elles pas où manque la vertu ? La faiblesse ne devrait-elle pas être compagne de la présomption ? Il paraît invincible, mais le Seigneur est mon soutien. Mon bras terrassera ce traître, dont ma bouche a confondu les discours. J'ai pour moi la vérité, j'aurai pour moi la victoire.

A ces mots, son courage s'enflamme, il s'avance hors des rangs, et, bravant le rebelle, surpris de se voir prévenu, il lui adresse ce défi :

Téméraire, voilà ton jour fatal : tu croyais que rien ne pourrait t'arrêter dans ta course. Tu pensais que la terreur de ton nom ou que tes discours audacieux feraient déserter le trône de l'Eternel. Insensé, le souvenir de sa puissance est donc effacé de ton esprit ? Ignores-tu que d'une parole vivifiante il peut appeler du néant des armées infinies pour châtier ta folie ; mais qu'a-t-il besoin de ces secours ? Le moindre coup de son bras, qui atteint au-delà de toutes limites, suffit pour t'anéantir et pour précipiter tes légions dans les ténèbres. Ton funeste exemple ne nous a pas tous entraînés à ta suite. Regarde les nombreuses légions que la foi et l'amour rangent encore sous les étendards du Tout-Puissant ; regarde et tremble. Tu ne les voyais pas quand, parmi ton monde pervers, je paraissais le seul de mon sentiment. Tu vas apprendre (mais trop tard) que le nombre des insensés ne justifie point leurs folies.

Satan, jetant sur lui un regard dédaigneux, lui répondit : A la male heure pour toi, mais à l'heure désirée de ma vengeance, tu viens recevoir le prix que tu mérites. Tu sentiras le premier la force de ce bras irrité ; aussi bien es-tu le premier dont la langue effrénée a eu la témérité de s'opposer à la troisième partie des dieux ligués pour soutenir leurs droits. Ils ont senti leurs forces; ils ont brisé leurs chaînes : imite-les, plutôt que de songer à t'enrichir de ma dépouille, ou ta ruine sera un exemple mémorable. J'ai suspendu mes coups pour te répondre : mon silence aurait pu faire tort à la justice de ma cause. Un moment encore tu peux en profiter. Je croyais autrefois que le ciel et la liberté étaient même chose pour les anges, mais je vois que la plupart sont assez lâches pour se laisser mettre en servitude. Esprits vils, accoutumés aux fêtes et aux chansons, ils consentent à fléchir sous un joug ignominieux; digne emploi pour ceux qui te suivent. Chantres mercenaires des cieux, esclaves armés contre la liberté; juge donc ce que tu dois attendre de tes soldats et compare aujourd'hui leur bras et le nôtre.

Apostat, tu es hors des sentiers de la vérité, répondit Abdiel en courroux : tu ne peux que t'enfoncer d'abîmes en abîmes. Tu déshonores sous le nom de servitude le service que nous devons à Dieu. Tout nous engage à lui rendre une juste obéissance. Apprends ce que c'est que la servitude : c'est de se livrer à un insensé, à un malheureux, dont la révolte contre son souverain mérite les derniers châtiments. Tel est le sort des tiens; ils sont les esclaves d'un esclave, et, dans l'aveuglement de ton impiété, tu blâmes notre soumission. Règne dans les enfers, je ne t'envie point ce funeste royaume. Le ciel sera mon unique partage. J'y servirai le Très-Haut. Puissé-je mériter d'être à jamais le ministre de ses ordres sacrés; mais ne te flatte pas de posséder une couronne dans ces régions éloignées du Seigneur, tu n'y trouveras que des chaînes. En attendant, voici les honneurs que je te prépare.

Il leva un bras fulminant, et plus promptement que l'éclair, il l'appesantit sur le front de l'ange superbe. L'œil et la pensée ne partent point avec une pareille activité. Le bouclier de Satan lui devint inutile, il plia, il recula en chancelant et donna du genou en terre. L'appui de sa lance massive lui sauva la honte d'une chute entière. Ainsi les vents souterrains, ou les eaux forçant leurs prisons, transportent violemment d'un lieu à un autre une montagne renversée avec tous ses pins. Les rebelles furent frappés comme d'un coup de foudre; ils frémirent de rage à la vue de l'état humilié du plus fier de leurs guerriers. Quel funeste augure pour eux! mais quel cri de triomphe pour nous! Nous poussâmes un cri de joie, qui fut en même temps, et le signal du combat, et le présage assuré de la victoire.

Michel fit sonner la trompette; nous chantâmes : Gloire soit au Très Haut. Nos ennemis ne se tinrent pas dans l'inaction; leurs cris affreux furent suivis d'une attaque générale, et la mêlée s'engage de toutes parts. La fureur se déchaîne : on entend des clameurs jusqu'alors inouïes dans le ciel. La discorde effroyable brise à grand bruit armes contre armes, et les roues étincelantes des chariots d'airain mugissent. Le choc est terrible : une volée de dards enflammés siffle épouvantablement par les airs et couvre de feu les deux armées. Elles combattent l'une contre l'autre, ainsi que sous une voûte ardente. Le ciel fut ébranlé, et si la terre eût alors existé, elle aurait tremblé jusque dans ses fondements. Faut-il s'en étonner? Des millions d'anges furieux se chargeaient des deux parts : des anges, dont le moindre se serait fait un jeu d'enlever la terre, les planètes et leurs tourbillons. Quel désordre de-

vait donc produire l'acharnement de deux
armées innombrables de pareils guerriers!
Ils auraient peut-être détruit l'heureux siège
de leur nativité, si l'Eternel, de sa haute forteresse, n'eût modéré leur ardeur. Chaque
légion prise séparément ressemblait à une
armée prodigieuse; chaque combattant va-
lait une légion; chaque soldat représentait
un grand général; ils savaient tous quand il
fallait s'avancer, faire ferme, changer d'atta-
ques, ouvrir ou serrer leurs files : nul ne
songeait à la fuite ni à la retraite. On ne
voyait point d'action qui marquât de la
crainte. Chacun s'employait comme si son
bras eût dû décider du sort de la victoire. La
Renommée se lasserait de publier les exploits de ce jour : la bataille occupait un
champ immense, et la face de la guerre
changeait à tous moments. Tantôt l'on combattait de pied ferme sur le terrain solide;
tantôt les guerriers, s'élevant sur leurs ailes
puissantes, tourmentaient l'air qui semblait
tout en feu; la fortune parut longtemps
égale. Satan déployait une force incroyable;
il était toujours au plus fort de la mêlée,
nous le trouvions partout. Il vit ses plus
nombreux bataillons renversés d'un seul
coup de l'épée de Michel; il accourut pour
s'opposer au ravage et à la désolation qu'elle
portait. Il présenta au-devant de ses coups
la vaste circonférence de son bouclier, dont
l'orbe solide était garni de dix plaques de
diamant. A son approche, le grand archange
s'abandonna à la joie. Il croyait en surmon-
tant le chef des rebelles terminer la guerre
intestine du ciel. Plein de cette espérance, il
lui adressa ce défi avec des yeux enflammés
de colère.

Tremble, perfide, l'horreur de cette funeste
guerre, que tu as suscitée, va retomber sur

toi et sur les complices de ton crime. Comment as-tu troublé la bienheureuse paix du ciel? Détestable auteur du mal que la nature méconnaîtrait encore sans ton crime. Comment le souffle empoisonné de ta malice a-t-il corrompu tant de milliers d'anges, autrefois si purs, si fidèles? Ne crois pas pourtant troubler le saint repos. Le ciel te vomit de son sein. Le ciel, siège de la béatitude, ne souffre point les œuvres d'iniquité, la violence et la guerre; fuis donc dans les enfers, ce séjour maudit est destiné à l'impie; vas-y signaler tes fureurs, avant que cette épée vengeresse commence ton châtiment, ou que le bras de Dieu, armé d'un fléau plus redoutable, achève de t'accabler.

Satan lui répliqua : Crois-tu donc intimider par tes bravades celui que tes coups ne sauraient étonner? As-tu mis en fuite le moindre de mes guerriers? Ou si tu en as renversé quelques-uns, ne t'ont-ils pas montré, en se relevant aussitôt, qu'ils étaient invincibles? Penses-tu me vaincre plus facilement? Penses-tu que ta vue me fasse trembler? Tu te trompes. Notre combat ne finira point en cette sorte. Le crime, dis-tu, nous a mis les armes à la main; sache que l'honneur est notre seul motif. Si nous ne pouvons régner ici, nous aurons du moins la gloire d'y rester libres, ou nous convertirons le ciel même en cet enfer dont tu oses nous menacer. Rappelle tout ton courage : que celui que tu nommes le Tout-Puissant joigne ses forces aux tiennes, c'est là où je te veux.

Ils mirent fin à leurs discours, et, s'avançant l'un contre l'autre, ils commencèrent un combat inexprimable. Comment le raconter, même avec la langue des anges? Où prendre ici-bas des comparaisons assez nobles pour élever l'imagination humaine au point de lui faire concevoir jusqu'où allait leur puissance! Ils ressemblaient, si j'ose le dire, à des dieux, soit qu'ils se tinssent le pied ferme, soit qu'ils allassent en avant; leur stature, leurs mouvements et leurs armes donnaient à connaître qu'ils étaient propres à décider du grand empire des cieux. On les voyait tourner avec une rapidité extrême, leurs épées flamboyantes, qui traçaient par les airs d'horribles sphères de feu. Leurs boucliers, tels que deux grands soleils, resplendissaient vis-à-vis l'un de l'autre.

Ce grand spectacle suspendit tout. Les deux armées, saisies d'horreur, se retirèrent des deux parts pour attendre la décision de ce combat furieux. Telle serait l'épouvante, pour exposer les plus grandes choses par de petites images, si la nature, venant à se diviser, la guerre s'élevait entre les constellations; juge de quels yeux tu verrais deux planètes dans un aspect malin de la plus fière opposition, partir de leur poste, se lancer l'une sur l'autre au milieu du ciel et confondre leurs sphères discordantes. Tous les deux à la fois, levant leurs bras, dont la force ne cédait qu'à celle du Tout-Puissant, se préparaient un coup qui pût terminer leur combat.

Leur vigueur, leur adresse, leur légèreté étaient égales; mais Michel avait reçu des mains de Dieu une épée d'une trempe si parfaite, que rien ne pouvait résister à son tranchant. Elle brisa le cimeterre de Satan; du même coup, elle lui fit dans les côtés une profonde blessure. Alors, pour la première fois, Satan connut la douleur, et se tournant en courant de part et d'autre avec des contorsions effroyables. Le coup aurait été mortel si les esprits pouvaient mourir, mais les natures célestes ne sont point sujettes à une dissolution de parties que la matière seule peut éprouver. Il coula de la plaie une liqueur subtile et dévorante, qui ne tenait en rien de la grossièreté du sang humain; l'éclat de son armure en fut entièrement terni.

Ses plus braves guerriers coururent à son secours et se mirent entre deux, tandis que d'autres, le relevant sur leurs boucliers, l'emportaient vers son char, hors de la mêlée. Ils l'y placèrent grinçant les dents de douleur, de dépit et de honte. Quel désespoir pour lui de sentir qu'il n'était pas invincible, loin d'être égal au Très-Haut, comme il s'en était vanté; mais il guérit bientôt. Les esprits possèdent parfaitement la vie; elle n'est point placée, pour eux, dans les entrailles, dans le cœur, dans la tête ou dans les reins, suivant la condition de l'homme fragile. Il n'est qu'un ordre exprès de Dieu qui puisse les anéantir. Leur liquide tissu ne saurait recevoir de blessure mortelle, non plus que l'air fluide. Chaque partie de leur substance animée de l'esprit de vie contient le cœur, la tête, les yeux, l'intellect et généralement tous les sens, et, suivant leurs desseins, ils prennent les membres, la couleur, la taille, la figure et l'extension qui leur conviennent le mieux.

Il se passait également des faits mémorables aux lieux où la puissance de Gabriel combattait. Suivi de ses guerriers, il perçait le profond ordre de bataille de Moloch. Ce monarque furieux l'avait défié en le menaçant de le traîner, garrotté, aux roues de son char. Il fut puni des blasphèmes qu'il avait vomis contre l'Éternel et fendu depuis le sommet de la tête jusqu'à la ceinture; il fuyait, traînant ses armes brisées et mugissant de rage et de douleur.

Aux deux ailes de l'armée, Uriel et a-phaël rabattirent la vaine gloire des ennemis qu'ils avaient en tête. Deux trônes monstrueux et armés d'un roc de diamant tombèrent à leurs pieds. L'un était Adramalec et l'autre Asmodée; ils voulaient s'égaler au Tout-Puissant; mais, percés de plaies horribles, à travers leurs cuirasses, ils apprirent dans leur déroute à réprimer l'orgueil de leurs pensées.

Abdiel n'épargna pas non plus les troupes infidèles : sous ses coups redoublés, il renversa Ariel, Arioc et Ramiel.

Je ne finirais point, si je rapportais ici les hauts faits de mille autres, dignes d'être consacrés à l'immortalité; mais les anges bienheureux, contents de leur renommée dans le Ciel, ne cherchent point la louange des hommes : nos ennemis mériteraient aussi des éloges, s'ils eussent combattu pour une meilleure cause. Leur résistance surpassait tout ce qu'on en pourrait dire. Ils aspiraient par mille périls à la gloire, mais en punition, effacés du livre de vie et rayés des mémoires sacrées, laissons-les, sans nom, demeurer dans les ténèbres de l'oubli. La force, séparée de la justice et de la vérité, loin d'être louable, ne mérite que le blâme et l'ignominie. Comment arriverait-elle à la gloire ? Elle cherche la renommée par des moyens infâmes.

L'armée des mauvais anges, affaiblie de tous côtés, commençait à plier. Leurs plus puissants guerriers se trouvaient hors de combat. Toute la plaine était jonchée d'armes brisées, de chariots, de conducteurs et de chevaux renversés les uns sur les autres. La déroute suivit bientôt : ils prirent honteusement la fuite. Le péché de la désobéissance les avait avilis et dégradés.

La situation des bons anges était bien différente : sains, entiers, couverts d'armes d'une trempe divine, ils marchaient d'un pas ferme en une phalange impénétrable : l'innocence leur donnait cet avantage sur leurs ennemis. Ils furent infatigables dans l'action et invulnérables dans le combat, quoiqu'ils eussent été quelquefois transportés, par les coups, hors des rangs.

Déjà la nuit, commençant sa course, étendait l'obscurité sur le Ciel, et, par une médiation agréable, imposait silence au bruit odieux de la guerre. Les vainqueurs et les vaincus se retirèrent sous son pavillon nébuleux. Michel et ses anges victorieux campèrent sur le champ de bataille et posèrent de tous côtés en sentinelle des Chérubins vigilants. Satan et ses rebelles s'éloignèrent à la faveur des ténèbres. Cette même nuit, sans prendre aucun repos, il appela ses Puissances au conseil, et, d'un air plein de résolution, il commença ainsi, au milieu de tous :

Le courage que vous avez montré dans ce jour, chers compagnons, fait bien voir que vous êtez invincibles. La liberté n'est point un prix suffisant pour vous. L'honneur, la gloire et l'empire vous sont acquis, et c'est là ce qui touche notre ambition. Vous avez tenu pendant un jour entier la victoire en balance, et si vous avez résisté un jour, pourquoi ne résisteriez-vous pas une éternité? Le monarque des Cieux n'a point de forces plus grandes à vous opposer, il a mis toutes ses légions en campagne; nous ont-elles forcés à nous rendre? Il se trompe donc quelquefois, et nous étions assez faibles pour croire qu'il lisait dans l'avenir et qu'il en réglait les événements. Nous souffrons, il est vrai, de nos blessures : nos armes ont été moins bonnes que celles de nos ennemis; mais la connaissance que nous avons de la doul ur ne peut que nous la faire mépriser. N'avons-nous pas éprouvé que notre substance céleste ne peut recevoir de coup mortel, qu'elle n'est sujette à aucune dissolution et que d'elle-même, par une vertu naturelle, elle se reprend et se guérit bientôt de ses blessures. Notre malheur est donc peu considérable. Peut-être la prochaine fois que nous viendrons aux mains, de plus fortes armes, des traits mieux acérés, rétabliront entre nous l'égalité qui a été seulement rompue par quelques circonstances, puisqu'il ne se trouve point de différence entre notre nature et celle de nos ennemis. Si quelque cause inconnue leur a donné l'avantage de la journée, n'omettons rien pour la découvrir. Nos lumières n'ont point souffert et notre esprit est aussi sain qu'avant l'action.

Il s'assit, et Nisroc, chef des Principautés, se leva le premier dans l'assemblée : le sang coulait encore le long de ses armes brisées : il avait à peine la force de se soutenir, et, d'un air sombre, il répondit ces mots :

O toi qui nous as délivrés de la servitude et qui nous conduis pour nous établir comme des divinités dans la libre jouissance du Ciel, tu sens bien qu'il est rude, même pour des dieux, de combattre avec des armes inégales et d'être exposés à la douleur et aux blessures, en affrontant des troupes impassibles et infatigables. Cette inégalité nous obligerait enfin à nous soumettre. La valeur et la force ne résistent point éternellement au mal qui affaiblit les bras les plus puissants. Nous pouvons bien sans murmurer nous passer dans la vie des plaisirs vifs et sensibles. On peut sans eux couler tranquillement ses jours; mais la douleur fait des malheureux, et, quand à son excès se joint

la durée, elle épuise tôt ou tard la patience.
Quiconque pourra donc nous donner les
moyens de porter des blessures douloureuses
à nos ennemis ou de fabriquer dés armes
impénétrables, méritera bien notre reconnaissance : nous le regarderons comme un
second libérateur.

Je t'apporte, répondit Satan d'un air calme
et assuré, ce que tu estimes, à juste titre, si
essentiel à notre succès. Qui de nous, voyant
la brillante surface de ce monde céleste que
nous habitons, ce continent spacieux orné de
plantes, de fruits, de fleurs, d'ambroisie,
d'or et de perles: quel œil, dis-je, peut parcourir assez superficiellement toutes ces
choses pour ne pas en conclure que leurs
principes, composés de parties spiritueuses
et ignées, sont cachés au fond du chaos.
C'est dans son sein ténébreux que ces se-
mences indigestes sont renfermées, jusqu'à
ce que, touchées et tempérées par les célestes
rayons, elles se développent et se montrent
au jour dans tout leur éclat. Les minéraux
de l'abîme nous fourniront de quoi faire une
composition meurtrière : nous en remplirons
de longues pièces de métal que nous creuse-
rons à cet usage. Le feu s'y communiquera
par une petite ouverture percée près d'une
des extrémités, aussitôt l'artifice, se dilatant
impétueusement avec un bruit de tonnerre,
poussera contre nos ennemis des masses
pernicieuses qui briseront tout ce qui se pré-
sentera dans leur passage. A ces coups in-
soutenables, nos ennemis, effrayés et confondus, croiront que nous avons désarmé
celui qui lance le tonnerre et que nous nous
sommes saisis des traits qui le font redouter. Le travail ne sera pas long : avant que
le jour brille, tout sera prêt. Cependant ras-
surez-vous, bannissez la crainte. Si vous res-

tez unis, il n'est rien de difficile, à plus forte raison de désespéré.

Ces paroles rappelèrent la joie sur leurs visages et ranimèrent leur espérance. Ils admirèrent tous l'invention : chacun était surpris de ce qu'un autre lui en eût enlevé la gloire. Rien ne leur semblait si simple, après que l'idée en eut été rendue publique : auparavant ils auraient trouvé la difficulté insurmontable. Cependant, ô premier père des hommes, si le mal prend le dessus dans les jours à venir, quelqu'un de tes descendants, malheureusement ingénieux ou inspiré du démon, pourrait imaginer un semblable fléau pour désoler, en punition du péché, les peuples acharnés à se faire la guerre et à se détruire l'un l'autre.

Au sortir du conseil, ils volent à l'ouvrage : nul ne perd le temps en disputes frivoles. Leurs mains innombrables s'emploient avec ardeur et creusent de profonds abîmes dans le Ciel. Bientôt ils volent la nature jusque dans le fond de ses entrailles, ils y reconnaissent les germes informes de toutes choses. Les uns font des amas de soufre et de nitre, qu'ils marient ensemble ; le tout, calciné avec art et réduit à un petit grain très noir, est mis en magasin. Les autres s'occupent à fouiller les veines cachées de métal et de pierre ; car tu dois savoir que l'intérieur du terrain céleste est presque semblable à celui de la terre où tu habites. Ceux-ci forgent des machines et des boulets destinés à faire voler la terreur et la ruine ; ceux-là font provision de roseaux de feu dont le seul attouchement devait produire un effet épouvantable.

Ainsi, avant que le jour parût, sans être observés, ils consommèrent, dans le secret de la nuit, ce qu'ils avaient projeté, et ils disposèrent leurs machines avec tout l'ordre et toute la prudence possibles.

Dès que la charmante aurore se fit voir dans le Ciel, les anges victorieux se levèrent. Au son de la trompette, la milice divine parut en bataille, sous des armes éclatantes d'or et de pierreries. Quelques-uns, armés à la légère, du haut des montagnes que le soleil commençait à éclairer, regardent à la ronde et s'éloignent pour reconnaître la contenance, les mouvements ou les retranchements des ennemis. Ils virent l'armée de Satan qui s'avançait à pas lents, enseignes déployées, formant un bataillon unique, mais terrible. Zophiel, le plus léger des Chérubins, retourna promptement sur ses pas et cria, au milieu des airs :

Armez-vous, guerriers, armez-vous pour le combat. L'ennemi que nous croyons éloigné vient sur nous. Il nous épargnera en un jour une longue marche et une fatigante poursuite. Il s'avance comme un nuage épais Sa contenance nous présente une résolution morne, mais assurée : mettez vos casques, prenez vos cuirasses, couvrez-vous de vos boucliers ; ce jour est un jour de colère et d'horreur.

Il les avertit ainsi de se tenir sur leurs gardes, mais ils sont déjà préparés : leurs rangs se trouvent formés. Ils s'avancent les armes hautes en ordre de bataille. Nos ennemis s'approchaient traînant pesamment leur nombreuse artillerie, entourée d'epais escadrons qui dérobaient l'artifice à nos yeux. Nous les observions, quand Satan parut à la tête des siens, et donna l'ordre.

A l'instant le front de l'armée s'ouvre. Les troupes se replient sur les deux flancs. Nous découvrons un spectacle étrange et nouveau : une triple rangée l'une sur l'autre de

colonnes posées sur des roues, car ces pièces ressemblaient à des colonnes, ou à des
troncs de chênes et de sapins abattus dans
les forêts ou sur les montagnes, après que
les branches en ont été coupées. Un séraphin
portant en sa main un roseau armé de feu,
était posté derrière chacune de ces machines.

Nous formions là-dessus diverses conjec-
tures, mais nous fûmes bientôt tirés de notre
incertitude. Ils étendirent leurs roseaux et
ils en touchèrent légèrement une impercep-
tible ouverture. Le ciel parut d'abord tout
en feu, et presque aussitôt il fut obscurci de
la fumée qui sortait de la bouche énorme de
ces cylindres meurtriers. Ils vomirent avec
des mugissements épouvantables la foudre
et le tonnerre.

L'armée victorieuse ne put tenir contre ce
genre d'attaque: les rangs furent rompus; en
vain ces guerriers, fermes d'ailleurs comme
des rochers se roidissaient contre le choc.
Embarrassés dans leurs armes, ils tombaient
par milliers à la renverse, anges sur archanges. S'ils eussent été désarmés, ils se seraient
aisément sauvés par la facilité que les esprits ont de se resserrer ou de se transporter
agilement d'un lieu à un autre ; mais dans
la conjoncture où ils se trouvaient, ils étaient
nécessairement exposés aux coups, et ils se
voyaient honteusement entraînés. Il ne leur
servait de rien d'ouvrir leurs files. Que
faire? S'ils couraient en avant, ils étaient
indignement abattus et renversés d'une manière ignominieuse, ils devenaient la risée
de leurs ennemis. Avaient-ils essuyé le premier feu, une rangée de séraphins paraissait
en posture de faire une seconde décharge:
cependant ils aimaient encore mieux se laisser rompre, que de prendre la fuite.

Les rebelles, enivrés du succès, commencèrent à donner carrière à leur vaines saillies. La puissance éternelle ne leur faisait plus de peine. Son tonnerre leur paraissait maintenant peu de chose. Ils avaient à ce qu'ils pensaient de quoi l'égaler, et se regardant comme invincibles avec leur nouvelle artillerie, ils parlaient d'un ton de mépris du foudre de Dieu et de son armée; le trouble où nous étions ne dura pas longtemps; la fureur nous anima, et nous fit trouver des armes pour confondre leur malice.

Aussitôt, telle est l'excellence, telle est la force des anges! nous jetons nos armes, et plus promptement que l'éclair nous courons, nous volons aux montagnes: le ciel a ses collines et ses vallées, nous arrachons, nous déracinons les monts, tout obéit à notre violence, eaux, bois, rochers: nous les enlevons par les sommets chevelus.

Les esprits rebelles, tu peux te le figurer, furent saisis d'étonnement et de terreur, quand ils virent la base des montagnes fondre sur leur maudite artillerie. Leur courage se glaça; leur force se trouvait enterrée sous les rochers: ils se sentaient eux-mêmes opprimés par d'épouvantables masses qui accablaient en tombant des légions entières.

Les armes dont ils étaient revêtus rendaient encore leur situation plus cruelle, et leur ôtaient la liberté d'agir et de se débarrasser; ils poussaient des rugissements affreux; tel était le sort de ces esprits autrefois purs et subtils, maintenant appesantis par le péché.

A notre exemple ils arrachent les rochers, ils les jettent contre nous; les monts rencontrent au milieu des airs les monts lancés avec une violence terrible. Leurs débris pleuvent de toutes parts sur les deux ar-

mées : un bruit affreux se fait entendre :
toute autre guerre comparée à celle-ci res-
semblerait aux divertissements d'une popu-
lace dans les réjouissances publiques, ce n'est
partout que confusion sur confusion. Le ciel
en ce jour aurait été entièrement détruit, si
le Très-Haut qui pèse la conséquence de
chaque chose, assis au milieu de son sanctuaire céleste et inviolable, n'eût arrêté le
désordre. Il avait permis ce tumulte afin
d'honorer son fils, suivant le dessein qu'il en
avait conçu. Il remit donc sa vengeance entre les mains de ce fils, et prêt à manifester
la toute-puissance qu'il lui avait tranférée,
il prononça ce discours :

Écoulement de ma gloire, mon fils, dans la
face duquel se laisse apercevoir mon essence
divine, autrement invisible, exécuteur de
mes décrets, seconde toute-puissance : deux
jours, comme le ciel les mesure, se sont
écoulés depuis que Michel et ses légions ont
marché pour dompter les rebelles. Leur
combat a été terrible ; quand de telles armées se rencontrent, le choc doit être épouvantable, je les ai abandonnés à leur propre
force : tu sais que par leur création ils se
trouvent égaux : le péché seul a mis entre
eux quelque différence, mais elle n'est pas
assez sensible. Mes jugements n'ont point
encore éclaté. Ils resteraient donc aux mains
pendant toute l'éternité, et l'on ne verrait
point la décision de leur combat ; ils ont donné des deux côtés, des preuves de leur force
et de leur courage. Leur fureur s'est armée
de montagnes au lieu de traits, la discorde a
renversé la face du ciel et met la nature en
péril. Deux jours donc se sont passés, le
troisième t'est consacré, il doit être celui de
ton triomphe. J'ai laissé monter jusqu'à
l'excès la fureur de tes ennemis, pour enno-

blir ta victoire; il n'appartient qu'à toi de terminer cette guerre. J'ai transmis en toi toute mon immensité. Les cieux et les enfers connaîtront que rien ne t'est comparable, et que tu mérites l'empire qui t'est acquis à titre d'héritage et par une onction sacrée. Va donc, montre-toi le plus puissant dans la puissance de ton père. Monte sur mon char, dirige ses roues rapides qui font trembler la face des cieux; sers-toi de mon arc, de mes foudres et de mon tonnerre. Prends mes armes auxquelles rien ne résiste, attache mon épée à ton auguste ceinture, poursuis ces enfants de ténèbres, plonge-les dans l'abîme le plus profond; qu'ils apprennent qu'on ne méprise point impunément Dieu et le Messie l'oint du Seigneur.

A ces mots, il épancha directement ses rayons sur son Christ, qui représenta son Père d'une manière ineffable, et le Fils répondit en ces termes:

Mon Père qui êtes le premier, le plus haut, le plus saint et le meilleur, vous songez toujours à glorifier votre Fils, je vous en dois autant, et je m'en acquitterai. Je mets toute ma gloire, toute mon élévation, tout mon plaisir à vous satisfaire et à remplir votre volonté; j'accepte donc le sceptre et la puissance que vous me donnez, et je les remettrai avec encore plus de plaisir, quand à la fin des temps vous serez tout en tous. Alors je serai uni à vous pour jamais, et tous ceux que vous aimez seront unis à moi; mais je hais ceux que vous haïssez, et je puis me revêtir de la terreur qui marche devant vous, comme je me suis revêtu de votre clémence. Je suis dans tout votre image. Armé de votre puissance, j'aurai bientôt délivré le ciel des rebelles. Je vais les précipiter au fond de la demeure fatale qui leur est prépa-

rée dans les noirs cachots, où sont les chaînes des ténèbres et le ver qui ne meurt
point. Ils sentiront à quoi l'on est exposé
quand on veut se soustraire à l'obéissance
qui vous est due et qui porte avec soi sa récompense. Vos saints environneront votre
montagne sacrée, et vos élus séparés bien
loin des impurs, chanteront en votre honneur
des cantiques éternels et des hymnes de
louanges. Ma voix se fera entendre parmi
toutes les autres.

Il dit, et s'inclinant sur son sceptre, il se
leva de la place glorieuse, où il était assis à
la droite du Tout-Puissant. Déjà la troisième
aurore depuis la rébellion commençait à
briller dans le ciel ; le char de l'Eternel partit ainsi qu'un ouragan, la flamme l'environ-
nait : les roues l'une dans l'autre animées de
l'esprit de vie se remuaient d'elles-mêmes.
Elles étaient escortées par quatre figures
semblables à celles des Chérubins : chacune
avait quatre faces. Leurs corps et leurs ailes
étaient parsemés d'yeux sans nombre comme
les étoiles. Les roues de Béril étaient aussi
pleins d'yeux étincelants. Au-dessus des
roues on voyait un firmament de cristal : ce
firmament était relevé par un trône de
saphir marqueté d'ambre pur, et des couleurs de l'arc pluvieux.

Il monta sur le char lumineux. La victoire
avec des ailes d'aigle, se tenait à sa droite.
Son arc et son carquois rempli de triples
foudres pendait à ses côtés : autour de lui
roulait un tourbillon furieux de fumée et de
flammes qui dardaient coup sur coup une
clarté semblable à celle des éclairs.

Il s'avançait accompagné d'un gros de dix
mille saints. Une lumière éclatante annonçait au loin son approche. Vingt mille chariots de Dieu, j'en ai bien entendu le nom-

bre, se présentaient à droite et à gauche.
Au milieu de ce cortège, il fendait les airs
porté sur les ailes des chérubins. Le feu que
répandait son trône de saphir, glorieusement
élevé sur le firmament cristallin, éblouissait
les yeux. Les enfants de Dieu le reconnurent
d'abord. Une joie inespérée les saisit quand
ils virent briller le grand étendard du Messie,
et l'oriflamme céleste portée par les anges.

Michel lui remit le commandement des fidèles légions. Les deux ailes de l'armée se
rassemblèrent sous ce grand chef. Devant
lui la puissance divine prépara les chemins.
A son ordre les monts déracinés se retirèrent chacun à sa place. Ils entendirent sa
voix et se soumettant aussitôt ils se mirent
en marche. Le ciel reprit sa face accoutumée : les montagnes et les vallées se pa-
rèrent de nouvelles fleurs.

Ses malheureux ennemis virent ces merveilles, mais ils restèrent endurcis : ils se
rallièrent pour combattre, et ils cherchèrent
leur salut dans le désespoir. Croirait-on que
des esprits célestes fussent capables d'un
tel aveuglement ? Mais quels prodiges peuvent convaincre des esprits orgueilleux ? Ou
quels miracles peuvent ramener des cœurs
endurcis ? Ce spectacle merveilleux qui les
devait faire rentrer en eux-mêmes, ne servit
qu'à redoubler leur haine et leur envie. Aspirant au même degré d'élévation ils se remi-
rent avec furie en ordre de bataille. Ils
croyaient trouver des ressources assurées
dans leurs forces ou dans leurs stratagèmes,
et résolus de vaincre Dieu et le Messie, ou
de périr engloutis dans une ruine universelle, plutôt que de fuir ou de faire une hon-
teuse retraite, ils se préparaient à un dernier
effort, quand le Fils de Dieu fit entendre ces
mots à ses légions :

Restez dans votre poste : ne dérangez point vos brillantes files, vous saints, tenez-vous ici; anges armés pour ma querelle, reposez-vous aujourd'hui des fatigues de la bataille. Vos exploits guerriers ont assez prouvé votre fidélité. Le courage avec lequel vous avez soutenu la juste cause du Seigneur a été agréable à ses yeux, vous avez employé pour lui les dons que vous en avez reçus. Il vous fit invincibles, vous vous êtes montrés tels, mais la punition de cette troupe maudite est réservée à un autre bras. La vengeance appartient à Dieu ou à celui à qui il la commet. Le nombre ni la multitude ne sont pas nécessaires pour l'ouvrage de cette journée, soyez seulement attentifs à regarder comment ma main va déployer l'indignation de Dieu sur ces impies. Ils n'en n'en veulent point à vous. Je suis l'unique objet de leur mépris et de leur envie. Je suis en butte à leur rage, parce que mon Père céleste (à qui l'empire, la puissance et la gloire appartiennent) a voulu m'honorer. Il m'a remis aussi leur châtiment, ils éprouveront, selon leurs souhaits, quel est le plus fort d'eux tous ensemble, ou de moi seul contre tous. Ils mesurent tout par la force, ils ne connaissent point d'autre mérite ni d'autre excellence : je consens donc qu'elle décide entre eux et moi.

En achevant ces mots, il prit ses armes des mains de la terreur. Les traits qui sortirent de ses yeux rendirent son aspect insoutenable. Sa colère allait éclater, il marcha contre ses ennemis. Tout à coup les quatre figures qui l'escortaient déployant leurs ailes étoilées, formèrent une ombre qui répandit au loin l'effroi, et les roues de son char se remuèrent avec un bruit pareil à celui des fleuves impétueux ou d'une armée nombreuse.

Le Fils de Dieu, formidable comme la sombre nuit, s'avançait contre ses rivaux impies. Sous ses roues brûlantes, le solide empyrée trembla d'un bout à l'autre. Tout fut ébranlé hors le trône où réside l'Eternel. Il eut bientôt joint ces rebelles : il tenait en sa main une gerbe de tonnerres, ils partirent devant lui, et les impies furent transpercés de mortelles plaies. Ses ennemis étonnés perdent courage; ils ne songent pas même à se mettre en défense, les armes leur tombent des mains.

Le voilà déjà qui triomphe, il passe, et la victoire l'a devancé. Il foule en son chemin les boucliers, les casques et les têtes hautaines des trônes et des séraphins renversés. Ils voudraient pouvoir se dérober à son courroux, en cherchant un abri sous les montagnes dont naguère ils se sentaient accablés.

Avec même furie ses traits redoutables tombaient de chaque côté des quatre esprits remarquables par le nombre et par l'éclat de leurs yeux. Un feu dévorant sortait aussi des roues vivantes, et pareillement remplies d'une multitude d'yeux. Un esprit les dirigeait; chaque œil brillait de vifs éclairs et lançait contre les esprits maudits des flammes terribles, les rebelles restèrent privés de leur vigueur naturelle; épuisés, sans cœur, affligés, renversés.

Cependant le Fils de Dieu n'employa pas en ce jour sa puissance entière; il retint à demi son tonnerre. Son dessein n'était pas de les détruire, il ne songeait qu'à les chasser de sa présence. Il leur prêta des forces pour fuir, et les poussa devant lui comme un troupeau de boucs ou de vils animaux que la crainte rassemble. Le tonnerre, la terreur et les furies les portèrent jusqu'à l'extrémité du céleste parvis.

Le ciel se retira sur lui-même, s'entr'ouvrit, et leur présenta les vastes précipices de l'abîme. A cette vue effroyable, ils reculèrent d'horreur, mais une horreur encore plus grande les poussait en avant; ils se précipitèrent d'eux-mêmes hors de l'enceinte du ciel : la colère éternelle les poursuivit jusqu'à l'extrémité du gouffre immense, qui les reçut dans son sein.

L'enfer en entendit le bruit affreux : l'enfer vit les ruines du ciel croulant sur lui : la frayeur le saisit, il voulut s'enfuir, mais la justice inévitable avait jeté trop profondément ses noires fondations, et il se trouvait lié de chaînes trop fortes. Ils tombèrent pendant neuf jours. Le chaos confondu rugit et sentit une agitation dix fois plus terrible au moment qu'ils roulaient à travers sa barbare anarchie. La confusion fut si énorme, qu'il s'en trouva même embarrassé, quoiqu'il n'aime que le désordre.

L'enfer rempli d'un feu que rien ne peut éteindre, l'enfer maison de tristesse et de peine, l'enfer se dilatant les engloutit et se referma sur eux, le ciel délivré de ces infidèles se réjouit, et bientôt en se rejoignant répara la division de ses murs.

Seul vainqueur de ses ennemis dissipés, le Messie retourna en triomphe sur son char. Les saints qui étaient restés dans un silence profond et qui n'avaient fait que contempler ses exploits, s'avancèrent à sa rencontre en poussant des cris de joie.

Ils vinrent à lui les palmes à la main, chaque ordre glorieux célébra son triomphe, ils proclamèrent tous cet auguste conquérant, Fils héritier et Seigneur universel, et rendant hommage à son empire, ils publièrent qu'il était digne de régner.

Au bruit de leurs acclamations, il s'avançait en triomphe par le milieu du ciel : il entra dans le palais sacré de son Père, majestueusement assis sous un dais magnifique, et se plaçant à sa droite, il prit possession du trône et de la gloire, vrai partage de la divinité.

Ainsi mesurant les choses du ciel par celles de la terre pour te complaire et pour que l'exemple du passé te serve de leçon, je t'ai révélé ce qui autrement serait toujours resté caché aux hommes. Te voilà maintenant instruit de la discorde et de la guerre des anges, tu sais la chute horrible de ces ambitieux qui se révoltèrent avec le prince des ténèbres; ce même Satan, jaloux de ton bonheur, médite ta ruine. Il travaille à te détourner aussi de l'obéissance, afin que tu sois privé comme lui de la félicité, et que tu partages sa peine. Il croit se consoler en se vengeant sur toi, de celui dont tu es l'image. Il croit que s'il te pouvait rendre le compagnon de son malheur, il contristerait le Très-Haut; mais ne prête pas l'oreille à ses discours séducteurs. Avertis souvent ta compagne de ce qu'elle doit au Très-Haut; son sexe est le plus faible, il a besoin de secours. N'oublie jamais ce que tu viens d'entendre. Tu vois par un exemple terrible quel est le prix de la désobéissance. Les anges sont tombés, ils pouvaient se soutenir; souviens-toi de leur sort, et crains de les imiter.

FIN DU LIVRE SIXIÈME

LIVRE SEPTIÈME

———

ARGUMENT

A la prière d'Adam, Raphaël explique comment et pourquoi le monde a été créé. Il lui apprend que Dieu, après avoir chassé du ciel Satan et les anges, déclara le dessein qu'il avait de produire un autre monde et d'autres créatures pour l'habiter. Il envoie son Fils avec un glorieux cortège d'anges pour accomplir l'ouvrage de six jours. Les esprits célestes en célèbrent la consommation par des hymnes et des cantiques, et remontent au ciel à la suite du Créateur.

O toi, dont la voix m'a conduit dans les nues au-dessus de la portée des ailes de Pégase, descends du glorieux séjour de l'Éternel, Uranie, si l'on peut t'invoquer sous ce nom, je sais te distinguer de ces chimériques filles du Permesse : tu n'es point fixée comme elles sur les sommets bornés du vieil Olympe, mais née dans le ciel, avant que les monts parussent et que les fleuves coulassent, tu conversais avec la sagesse éternelle, et tu te jouais avec elle en présence du Père Tout-Puissant charmé de tes chants divins : par toi enlevé, quoique terrestre, je suis entré hardiment dans le ciel des cieux, et j'ai respiré l'air pur que tu as tempéré. Soutiens-moi toujours et ramène-moi à mon élément natal, de peur que partageant le sort de Bellérophon, je ne tombe d'une région plus haute, pour gémir le reste de mes jours dans les champs Aléiens, errant, désespéré, perdu. Je suis arrivé à la moitié de la carrière, mais resserré dans l'enceinte de cette étroite sphère que le soleil parcourt, sans m'exposer davantage au-dessus du pôle, je ferai mieux entendre les accents de ma voix. Elle conserve en-

core tout son éclat, quoique je me sois trouvé
en butte à la malignité des temps et de l'envie; entouré de dangers de toutes parts,
dans les ténèbres et dans la solitude, excepté
quand tu me visites, soit lorsque la nuit
étend ses voiles sombres, soit lorsque l'aurore teint en pourpre l'Orient. Dirige mes
chants, Uranie, rassemble autour de moi un
petit nombre de personnes dignes de m'é-
couter; mais écarte la dissonnance barbare
de Bacchus et de ses fanatiques enfants,
race de cette troupe forcenée qui déchira le
chantre de Thrace sur le mont Rhodope, où
les bois et les rochers prêtaient l'oreille à ses
transports, avant que sa harpe et sa voix
eussent été déconcertées par les cris bruyants
d'une multitude furieuse. Dans cette extrémité, Calliope ne put se conserver un fils, tu
ne manques pas ainsi à qui t'implore. Tu es
un écoulement de l'Eternel; elle n'était qu'un
songe frivole.

Dites, déesse, ce qui se passa quand Raphaël, l'affable archange, eut averti Adam
d'éviter l'infidélité, de peur de partager le
sort terrible des démons. Il lui représenta le
danger qu'il courait d'être exclu du paradis
avec toute sa postérité, si malgré la défense
ils étaient assez téméraires pour toucher à
l'arbre interdit, et s'ils méprisaient, au milieu de leur abondance, un commandement
si facile à garder. Des objets si sublimes et
si étranges conduisirent notre premier père
à une profonde rêverie; il ne pouvait accorder dans son esprit la haine, la guerre et la
confusion dans le ciel, près de la paix de
Dieu, au centre même de la béatitude; mais
bientôt il sentit que le mal de soi-même, in-
compatible avec la félicité, devait en être sé-
paré, et qu'il fallait nécessairement qu'il re-
tournât sur ses auteurs, comme l'eau d'un

fleuve que le vent refoule vers sa source.

Ainsi Adam dissipa les doutes qui s'élevaient dans son cœur. Il se laisse maintenant entraîner par un louable désir de connaître ce qui peut encore le toucher de plus près, comment ce monde composé du ciel et de la terre a commencé, quand, pour quelle cause et de quoi a été formé tout ce qui existait avant lui au dedans et au dehors d'Eden. Tel qu'un homme à peine désaltéré suit des yeux l'eau courante, et sent renouveler sa soif par le doux murmure du liquide élément, il adressa de nouveau la parole à son hôte céleste.

La bonté divine compâtit à notre faiblesse. Elle t'a envoyé du haut de l'empyrée pour nous instruire sur des points importants; mais que nous n'eussions jamais approfondis sans tes lumières. Nous devons sans cesse remercier la Providence, et recevoir son avertissement avec une ferme résolution d'observer inviolablement sa volonté suprême, fin dernière de l'homme: mais puisque tu veux bien nous dessiller les yeux, daigne présentement descendre un peu plus bas, raconte-nous ce qu'il ne nous sera peut-être pas moins utile de savoir : la création du ciel que nous voyons si haut, si éloigné, orné d'une multitude innombrable de feux errants, et l'origine de cette substance, répandue autour de nous de l'air qui forme ou remplit tout espace, et qui embrasse le globe de la terre; apprends-nous quelle cause détermina de toute éternité, le créateur au milieu de son saint repos à bâtir, mais si tard, dans le chaos, et en combien de temps l'ouvrage fut accompli. Dévoile-nous ces mystères, si cependant il ne t'est pas défendu de les révéler. Nous ne prétendons point sonder les secrets de son empire; nous ne cherchons à nous instruire que pour célébrer avec plus de connaissance le pouvoir et la bonté de l'auteur de tant de merveilleux ouvrages. Le grand flambeau du jour n'aura pas sitôt fini sa carrière. Enchanté de tes sons majestueux, il retardera son cours pour t'entendre conter sa naissance; ou si l'astre du soir et la lune se hâtent pour t'écouter, la nuit avec elle amènera le silence. Le sommeil même veillera pour te prêter une oreille attentive: ta voix le suspendra, et nous ne nous apercevrons point de son absence, tant que nous serons avec toi.

Adam supplia ainsi son hôte illustre. Le ministre céleste lui répondit : La langue des anges ou la voix des séraphins peuvent-elles suffire à raconter les ouvrages du Tout-Puissant? Ou l'esprit de l'homme est-il capable de les concevoir? Je ne te cacherai pourtant point ce qu'il t'est permis d'entendre; il est bon que tu saches ce qui pourra t'inspirer l'amour de l'Eternel ou contribuer à ton bonheur. J'ai reçu ordre d'en haut de satisfaire ta curiosité jusqu'à un certain point; contente-toi de ce que je te révélerai, et n'espère point, à force de recherches, pénétrer des secrets que l'Etre invisible, qui seul connaît tout, a ensevelis dans une nuit profonde. La nature n'est que trop étendue pour toi, tu peux l'étudier, mais l'esprit n'a pas moins besoin que le corps de cette tempérance qui sert à modérer l'appétit et à faire connaître la juste mesure, autrement l'excès accable, et la sagesse bientôt se change en folie, comme la nourriture produit d'épaisses fumées, lorsqu'elle est prise en trop grande abondance.

Je t'ai raconté la chute de Lucifer, autrefois plus brillant dans l'armée des anges, que n'est l'étoile de ce nom entre les astres.

Après qu'il fut tombé avec ses légions foudroyées au travers de l'abîme, et que l'auguste Fils fut retourné victorieux avec ses saints, le Tout-Puissant vit de son trône leur multitude, et parla ainsi à son fils :

Enfin notre ennemi s'est trompé : il croyait, ce rival jaloux, avoir entraîné dans sa révolte tous les esprits. Il se flattait, avec leur aide, de nous déposséder de cette forteresse inaccessible, siège de la divinité suprême : il en a séduit en effet plusieurs qui ne trouveront plus ici de place ; cependant ces royaumes spacieux sont encore peuplés d'un nombre suffisant pour les posséder et pour m'offrir dans ce haut temple des adorations convenables ; mais afin qu'il ne se glorifie pas dans son cœur de m'avoir enlevé des adorateurs, je songe à réparer ce dommage, si c'en est un que de perdre ce qui s'est corrompu de soi-même. Je vais à l'instant créer un autre monde, et d'un seul homme, une race d'hommes innombrables pour l'habiter, jusqu'à ce que, élevés par les degrés du mérite, ils s'ouvrent un chemin vers moi, après avoir été éprouvés sous une longue obéissance. En ce temps, la terre et les cieux prendront une face nouvelle : il s'en formera un seul royaume, une joie et une union sans fin. Réjouissez-vous, célestes puissances, et toi : mon Verbe, mon fils que j'ai engendré de toute éternité, par toi j'accomplis ces merveilles, parle, et qu'il soit fait. J'envoie avec toi ma puissance et mon esprit qui couvre tout de son ombre. Marche, commande au ciel et à la terre d'occuper un certain espace de l'abîme, de l'abîme sans bornes, mais rempli de mon immensité. Je me renferme en moi-même : sois le ministre et le dispensateur de ma bonté, je ne l'ai point encore fait éclater ; elle est libre d'agir ou de ne pas agir. La nécessité et le hasard ne m'approchent point. Ma volonté fait le destin.

L'Eternel parla en ces termes, et le Verbe accomplit ses décrets. Ce que Dieu fait, se fait subitement : ses volontés ne sont point sujettes aux mesures du temps, ni aux lois du mouvement, mais pour s'accommoder à l'intelligence des hommes il faut une succession de paroles. Le ciel triompha et fut rempli de joie : gloire, dirent-ils au Très-Haut, que sa bonne volonté s'étende sur les hommes futurs, et que la paix soit dans leur demeure. Gloire à celui dont la colère vengeresse a chassé les impies de sa vue, et de l'habitation des justes. Gloire et louange soient à celui dont la sagesse a résolu de tirer le bien du mal, et d'élever sur les trônes, d'où les méchants se sont vus renversés, une meilleure génération, qu'il comblera de biens pendant des siècles infinis.

Prêt à consommer ces merveilles le Fils parut ceint de la toute puissance, couronné des rayons de la majesté divine, sa sagesse, l'amour immense, et tout son père brillait en lui. Autour de son char s'assemblèrent sans nombre les chérubins, séraphins, potentats, trônes, vertus, esprits ailés, aussi bien que les chars de l'arsenal de Dieu qui de temps immémorial sont placés par millions entre deux montagnes d'airain tout prêts pour un jour solennel. D'eux-mêmes (car l'esprit de vie était en eux) ils vinrent se présenter à leur Seigneur. Le ciel ouvrit au large ses portes éternelles qui rendirent un son harmonieux, lorsqu'elles commencèrent à tourner sur leur gonds d'or, afin de laisser passer le roi de gloire venant dans son Verbe puissant, et dans son esprit pour créer de nouveaux mondes. Ils s'arrêtèrent sur les confins de l'empyrée, et du bord ils envisagèrent l'abîme vaste, immense, orageux comme la mer, sombre, affreux, désert, bouleversé par les vents furieux et par les vagues qui se soulevaient comme des montagnes pour assaillir le haut des cieux, et pour confondre le pôle avec le centre.

Cesse d'élever ta voix contre le ciel, abîme; vous flots, faites silence, dit le Verbe, suspendez vos fureurs. A l'instant porté sur les ailes des chérubins, il s'avança dans la gloire paternelle au milieu du chaos et du monde encore à naître. Le chaos entendit au loin sa voix, l'armée céleste marchait en ordre brillant pour voir la création et les merveilles de sa puissance.

Il arrêta ses roues ardentes, et dans sa main il prit le compas d'or préparé dans les trésors éternels de Dieu pour décrire cet univers. Il appuya un pied dans le centre, et tourna l'autre en rond au travers de la vaste profondeur des ténèbres, et dit : Monde, étends-toi jusque-là, ici borne-toi : que ce soit là ta circonférence.

Ainsi le Verbe créa le ciel et la terre, matière informe et nue. L'obscurité profonde couvrait l'abîme, mais l'esprit de Dieu, étendant ses ailes fécondes sur les eaux, précipitait en bas la froide lie de la mort, et insinuait une vertu et une chaleur vitale au travers de la masse fluide. Il réunit et jeta en moule les choses homogènes, départit les autres en différentes places, il fila l'air à l'entour, et la terre balancée sur elle-même resta fixe sur son centre.

Et Dieu dit que la lumière soit faite, et soudain la lumière éthérée, la première des choses, quintessence pure jaillit de l'abîme; et de son orient natal commença à se mouvoir par l'air ténébreux, enchâssée dans un nuage brillant, car le soleil n'était pas encore ; cependant elle séjournait dans un tabernacle nébuleux. Dieu vit que la lumière était bonne, et il sépara par l'hémisphère la lumière d'avec les ténèbres. Il appela la lumière le jour et les ténèbres la nuit. Ainsi du soir et du matin se fit le premier jour, et il ne se passa pas sans être chanté, ni célébré par les célestes chœurs quand ils virent la lumière naissante s'exhaler des ténèbres au jour de la formation du ciel et de la terre. Ils remplirent de joie et d'acclamations la vaste concavité de l'univers, et touchant leurs harpes d'or, ils glorifièrent dans leurs hymnes, Dieu et ses ouvrages, et dès ce même jour, ils le bénirent en lui donnant le titre de Créateur.

De nouveau, Dieu dit, que le firmament soit fait au milieu des eaux, et qu'il sépare les eaux d'avec les eaux, et Dieu fit le vaste firmament d'air fluide, pur, transparent, élémentaire, étendu en circuit jusqu'à la convexité la plus reculée de ce grand orbe. Les eaux supérieures se trouvèrent ainsi divisées des inférieures par une séparation ferme et sûre, car il bâtit le monde au milieu d'un vaste océan de cristal, comme il fonda la terre sur les eaux calmes qui l'environnent. Il recula au loin l'empire tumultueux du chaos, de peur que les extrémités se froissant violemment l'une contre l'autre, ne troublassent toute la structure. Il donna au firmament le nom de ciel : et les concerts angéliques célébrèrent le soir et le matin du second jour.

La terre était formée, mais comme une masse imparfaite encore enveloppée dans le sein des eaux, elle ne paraissait point. Le grand Océan couvrait entièrement sa face, et il ne roulait point inutilement ses flots. Leur

eur féconde pénétrait le globe de la
e, abreuvait doucement la mère univer-
e, et la disposait à concevoir, quand Dieu
t : Vous eaux, sous le ciel, resserrez-vous,
ue l'élément aride paraisse. Aussitôt les
ts firent voir dans les airs leurs dos
és et nus, et portèrent leurs têtes vers
ieux. Autant que quelques parties de la
s'élevèrent en haut pour former les
gnes, autant d'autres parties s'affais-
t, afin de faire un lit vaste, profond et
ieux pour les eaux. Elles y coururent
précipitation en se roulant en boules,
e on voit les gouttes rouler sur l'aride
s ère, une partie se poussait en avant
e un mur de cristal, tandis que le reste
était par dessus en formant une chaîne
ontagnes. Telle fut la vitesse et la
ité que la voix du Tout-Puissant im-
à leurs flots rapides ; comme des ar-
à l'appel des trompettes (car tu as en-
u parler d'armées) se rangent sous leurs
gnes, ainsi la foule des eaux marchait
înée dans la pente avec une rapidité de
nt, et dans la plaine coulant avec ma-
Les rochers mêmes et les montagnes
es arrêtèrent point, mais passant sous
ou faisant un grand détour en serpen-
t, elles choisirent leurs routes, et creu-
nt aisément leurs canaux profonds sur
terre molle et limoneuse, avant que Dieu
t affermie, en lui ordonnant d'être entiè-
ent sèche, à la réserve des lieux desti-
à servir de lit aux rivières. Il appela
ride élément la terre, et donna le nom de
r au grand réservoir des eaux ; il vit en-
que cela était bon, et dit, que la terre
sse de l'herbe verte, de l'herbe qui ren-
rme sa semence, et des arbres fruitiers
ortant des fruits chacun selon son espèce,

dont la semence soit en eux-mêmes pour se renouveler sur la terre.

Il dit, et la terre aride jusque-là déserte, nue, désagréable et brute, poussa l'herbe tendre, dont la verdure étendit sur sa face universelle un coloris charmant. Toutes sortes de plantes fleurirent et, développant leurs couleurs variées, égayèrent son sein parfumé de douces senteurs. Celles-ci étaient à peine épanouies, que la vigne pleine de grappes serpenta de tous côtés, le lierre souple rampa, l'épi fertile se soutint en bataille dans son champ, puis l'humble arbrisseau et le buisson s'embrassèrent l'un l'autre. Enfin les arbres majestueux s'élevèrent pompeusement, et étendirent leurs branches chargées de fruits abondants ou garnis de boutons perlés. Les monts furent couronnés de futaies; les vallées et le bord des fontaines de bouquets touffus, et les rivières de belles bordures. Alors cette terre parut un ciel, une place où les dieux auraient pu s'établir et se promener avec délices ravis de la beauté de ses ombrages sacrés. Cependant la pluie n'était point encore tombée, et la main d'aucun homme ne cultivait les campagnes; mais il s'élevait de la terre un brouillard humide pour arroser les productions que Dieu avait créées. Dieu vit que cela était bon, et le soir et le matin marquèrent le troisième jour.

Dieu dit encore qu'il y ait des corps lumineux dans la vaste étendue du Ciel, afin qu'ils divisent le jour de la nuit, et qu'ils servent de signes pour marquer les saisons, les jours et le cercle des années : qu'ils luisent dans le firmament comme je l'ordonne, et que leur office soit d'éclairer la terre, et cela fut ainsi ; et Dieu fit deux grands corps lumineux, grands pour l'usage dont ils sont à l'homme ; le plus grand pour présider au jour, le moindre pour briller à son tour pendant la nuit. Il fit aussi les étoiles et les plaça dans le firmament pour luire sur la terre, pour régler alternativement le jour et la nuit, et pour séparer la lumière d'avec les ténèbres. Dieu, considérant son grand ouvrage, vit que cela était bon. Le premier des corps célestes qu'il fabriqua fut le Soleil, qui ne fut d'abord qu'une immense sphère sans lumière, quoique d'une substance éthérée : ensuite il forma la Lune, ronde en sa figure, et des étoiles de toutes grandeurs, et sema le Ciel comme un champ d'astres nombreux. Il prit la plus grande partie de la lumière et la transporta de son enceinte nébuleuse dans l'orbe du Soleil, qu'il avait fait spongieux, afin qu'il attirât ce fluide dans ses pores, et ferme, pour qu'il pût retenir l'assemblage de ses rayons. Cet astre est à présent le grand palais de la lumière. Là, comme à leur source, les autres astres recourant, dans leurs urnes d'or puisent leurs feux. Par lui, la planète du matin dore ses cornes, et toutes, elles augmentent par la teinture ou par la réflexion de ses rayons, la petite clarté qui leur est propre et que l'éloignement diminue à nos yeux. L'astre du jour parut d'abord à l'Orient. Charmé de parcourir son vaste cercle, dans la haute carrière des cieux, il éclairait l'horizon. L'aurore préparait son chemin, et les pléiades dansant devant lui versaient de douces influences. La lune, moins brillante, se montrait à l'Occident avec une face pleine ; miroir du soleil, elle empruntait de lui sa lumière. Son aspect, par rapport à cet astre, la dispensait de briller par elle-même ; elle se retirait à mesure qu'il avançait : la nuit vint et la lune se fit voir, à son tour, du côté du Levant, roula sur le grand axe des

cieux, et tint la royauté, dont elle fit part à
mille moindres flambeaux, à mille et mille
étoiles, qui émaillèrent en ce jour l'hémisphère. Alors, pour la première fois, ornés de
mobiles flambeaux, le soir et le matin cou-
ronnèrent avec joie le quatrième jour.

Et Dieu dit : que les eaux produisent des
animaux vivants, qui nagent dans l'onde, et
que les oiseaux, volant sur la terre, déploient leurs ailes par les régions des airs :
et Dieu créa les grandes baleines et tous les
animaux qui se meuvent dans l'air ou dans
l'onde et tous les reptiles que les eaux pro-
duisirent abondamment, avec tous les oiseaux pourvus d'ailes, chacun selon son
espèce, il vit que cela était bon et il les bénit,
disant : Croissez, multipliez, remplissez les
eaux de la mer, des lacs et des rivières, et
que les oiseaux s'étendent sur la terre. Aussitôt les détroits et les mers, les anses et les
baies fourmillèrent d'une multitude de poissons, qui, garnis de nageoires et d'écailles
luisantes, fendirent les ondes vertes et s'a-
vancèrent, sans crainte, au milieu de l'Océan.
Quelques-uns solitaires, d'autres, avec leurs
semblables, paissent l'herbe de la mer,
et se promènent dans des bocages de corail.
Tantôt ils se jouent en effleurant subtilement
la surface des eaux, tantôt ils montrent au
soleil leurs robes changeantes et dorées.
Quelques-uns dans leurs écailles de perles
attendent à leur aise une nourriture liquide.
Le veau de mer et le dauphin voûté folâ-
trent légèrement sur la plaine calme; d'autres, prodigieux en grandeur, se roulant pesamment avec leur masse énorme soulèvent
l'Océan. Là leviathan, la plus monstrueuse
de toutes les créatures vivantes, dort, étendue comme un promontoire sur les eaux profondes, ou nage, semblable à une terre mou-

nte, et rejette par ses barbes une mer
u'elle attire par ses ouïes. Cependant les
antres tièdes, les marais et les rivages font
éclore leurs couvées nombreuses. Ici l'œuf
animé par la chaleur s'entrouvre heureusement, et montre au jour les petits encore ten-
dres et nus; mais bientôt fournis de plume
e d'ailes, ils les déploient, et prenant hardi-
ent l'essor, ils méprisent la terre et la cou-
ent comme un nuage. Là, l'aigle et la ci-
ogne bâtissent leurs aires sur les rochers
et sur le sommet des cèdres. Quelques-uns,
dispersés, battent la campagne; d'autres, par
un instinct merveilleux, s'avancent ensemble
sur deux files, dont le front se resserre. Les
saisons leur sont connues, et conduisant au-
dessus des mers et des terres leurs caravanes aériennes, ils volent dans les nues et se
relayent alternativement pour soulager leur
leur vol. Ainsi les prudentes grues dirigent
chaque année leurs voyages, portées par les
vents. L'air flotte sur leur passage et cède
aux efforts de leurs plumes innombrables.
De branche en branche les plus petits oiseaux
voltigeant, égayent les bois par leur ramage
et étendent leurs ailes peintes jusqu'à ce que
la nuit leur marque la retraite, alors le rossignol mélodieux ne discontinue point ses airs,
mais toute la nuit il répète ses douces chansons. D'autres, sur les lacs argentins et sur
les rivières, baignent leur gorge pleine d'un
tendre duvet. Le cygne, avec un col en arc,
relevant comme un manteau royal ses ailes
blanches, porte en avant son corps majestueux; ses pieds lui servent d'avirons : il
quitte quelquefois les eaux, et s'élevant sur
ses ailes fortes, il fend la moyenne région de
l'air. D'autres marchent d'un pas ferme sur
la terre. Tel est cet animal orné d'une crête superbe, le coq, dont le clairon sonne les heu·

res du silence ; et cet autre que rendent tout
fier ses yeux étoilés, et les brillantes nuances
de l'arc-en-ciel dont il est coloré. Les eaux
furent ainsi remplies de poissons, et l'air
d'oiseaux, et le soir et le matin solennisèrent
le cinquième jour.

Le sixième et le dernier jour de la création
se leva, et les harpes du soir et du matin retentirent quand Dieu dit que la terre produise
des animaux vivants et domestiques, les
reptiles et les bêtes de la terre selon leurs
différentes espèces : la terre obéit, et dans
l'instant son sein fertile produisit une infinité de créatures vivantes et d'animaux tous
grands, formés et parfaits dans leurs membres. Les bêtes sauvages sortirent de la poussière comme de leurs séjours ordinaires et
animèrent les déserts, les forêts, les antres
et les buissons. Elles s'élevèrent en pairés,
parmi les arbres et marchèrent. Les animaux
domestiques parurent dans les champs et
dans les vertes prairies. Celles-là rares et
solitaires, ceux-ci nombreux et attroupés, les
mottes se changèrent tantôt en génisses,
tantôt en lion. Ce dernier, impatient, frappé
du pied, puis il s'élance comme échappé de
ses liens, et secoue en se cabrant sa crinière
mêlée, l'once, le léopard et le tigre soulevè-
rent la terre, qu'ils fendirent avec leurs grif-
fes tranchantes. Le cerf léger leva hors de
terre sa tête branchue, Behemoth, le plus gros
enfant de la terre, dégagea péniblement du
moule son vaste colosse. Les troupeaux bê-
lants poussèrent comme des plantes. Indécis
entre la mer et la terre, le cheval de rivière
et le crocodile écaillé se montrèrent au jour.
Une infinité de créatures rampantes, d'insectes ou de vermiceaux sortit par différentes ouvertures. Ceux-là remuèrent leurs ailes
souples et découvrirent de petits traits fins

réguliers, ornés des plus superbes livrées
l'été, avec des mouches d'or, de pourpre,
azur et de sinople. Ceux-ci se traînant len-
tement sillonnèrent la campagne et ne furent
[in]t les moindres productions de la nature.
[Q]uelques-uns, de l'espèce des serpents, mer-
[v]eilleux en longueur et en corpulence, rele-
[v]èrent avec des ailes leur corsage tortueux :
[d']abord rampa la fourmi économe ; son corps,
[s]i petit qu'il est, enferme un grand cœur,
[et] dans sa république, réunie en tribus po-
[la]ires, elle sera peut-être un jour le mo-
[dè]le de la juste égalité. Après parut en essaim
l'abeille femelle, qui, nourissant délicieuse-
[ment] le bourdon, son mari, construit ses
[ce]llules de cire et les remplit de miel. Le
[re]ste est sans nombre, tu sais leur nature,
[et] tu leur as donné des noms qu'il n'est pas
[be]soin de répéter. Tu connais aussi le ser-
[pe]nt, il est le plus fin de toutes les bêtes de
[la] terre. Sa grandeur énorme, ses yeux d'ai-
[ra]in et sa vaste crinière le rendent terrible
[au]x animaux ; mais loin d'être malfaisant
[pou]r toi, il obéit à ta voix.
[Dé]jà les cieux brillaient dans toute leur
[g]loire et roulaient suivant les mouvements
[q]ue leur avait imprimés la puissante main
[du] premier moteur. La terre parfaite et con-
[s]ommée dans sa beauté souriait agréable-
[ment]. L'air, l'eau, la terre étaient peuplés
[d']oiseaux, de poissons, d'animaux qui vo-
[la]ient, nageaient, marchaient : mais il restait
[q]uelque chose à faire du sixième jour. Le
[ch]ef-d'œuvre n'était point encore formé. Il
[man]quait une créature qui ne fût ni courbée
[ver]s la terre, ni brute comme les autres,
[mai]s d'une stature droite et haute, levant
[aux] cieux un front serein, qui douée de sain-
[te]té et de raison, et se connaissant elle-
[mê]me, pût gouverner les autres de concert

avec le Ciel, qui bien qu'elle sentît sa propre grandeur fût toujours prête à reconnaître et à adorer son Dieu, son auteur. C'est pourquoi l'Éternel se fit entendre à son fils en ces mots: faisons l'homme à notre image et à notre ressemblance, qu'il domine sur les poissons de la mer, sur les animaux qui fendent les airs, sur les bêtes des champs et sur tous les reptiles qui se traînent sur la terre. Ayant fini ces mots, il te forma, ô Adam, toi homme, poussière de la terre et répandit sur ton visage un souffle de vie; il te créa à sa propre image, à l'image expresse de Dieu, et tu devins une âme vivante. Il te créa mâle et ta compagne femelle pour peupler la terre; puis il bénit le genre humain, et dit: croissez, multipliez, remplissez le monde et dominez d'un bout à l'autre sur les poissons de la mer, sur les oiseaux de l'air, et sur toutes les créatures vivantes qui se remuent sur la terre. Ensuite, comme tu sais, il te plaça dans ce bocage délicieux, dans ce jardin planté des arbres de Dieu, délectables à la vue et au goût, et il te donna libéralement pour nourriture leurs fruits excellents. Tu trouves ici une variété infinie, mais tu ne saurais toucher à l'arbre dont le goût produit la connaissance du bien et du mal. Au jour que tu en mangeras, tu mourras. La mort est la peine imposée. Sois sur tes gardes et commande bien ton appétit, de peur que le péché et la mort, sa noire compagne, ne te surprennent. Ici, Dieu finit son ouvrage et, considérant ce qu'il avait fait, il vit que tout était parfaitement bon. Ainsi le matin et le soir accomplirent le sixième jour. Alors le Créateur se reposa; mais ce repos ne fut que la cessation du travail, rien ne le peut fatiguer. Il remonta au ciel des cieux, sa haute demeure. Il considéra de là ce nouveau

onde, l'accroissement de son empire et fut
content de son ouvrage, en voyant comment
il se présentait devant son trône, combien il
était bon, rempli de beauté, et répondant à
sa grande idée. Il s'avança au bruit des
clamations et de la symphonie de dix mille
arpes, qui faisaient entendre une harmonie
vine. La terre, l'air retentirent. Tu t'en
uviens, tu l'entendis. Le Ciel et ses con-
tellations s'abaissèrent : les planètes atten-
ives suspendirent leurs cours. Pendant que
la brillante cour montait ravie en une extase
de joie : Ouvrez-vous, portes éternelles, chan-
èrent-ils; vous cieux, ouvrez vos portes vivantes : laissez entrer le grand Créateur,
qui revient après avoir achevé son ouvrage
magnifique : ouvrez-vous, et désormais attendez-vous à être souvent ouvertes. Le Sei-
neur se fera un plaisir de visiter la demeure
es justes. Il y dépêchera fréquemment ses
courriers ailés pour y répandre ses grâces.

Insi les glorieuses légions chantaient dans
eur marche; cependant à travers le Ciel qui
ouvrit de toute leur grandeur ses portiques
brillants, il fit un chemin droit au palais
éternel, une route large et superbe, dont la
poussière est d'or, et le pavé d'astres nombreux, comme tu en vois en Galaxie, cette
voie lactée, qui de nuit, te paraît une zone
semée d'étoiles.

Le septième soir s'avançait sur la terre
d'Éden, car le soleil était couché, et le crépuscule qui devance la nuit partait de son
Orient, quand le fils du Tout-Puissant arriva
au sommet élevé du saint mont des Cieux,
au trône de Dieu, fixe, ferme et assuré pour
jamais. Il s'assit avec son auguste père présent à tout, quoique toujours assis sur son
trône : tel est le privilège de l'immensité, et
il avait ordonné l'ouvrage auteur et fin de

toutes choses. Après que la création fut finie, il bénit et sanctifia le septième jour, comme se reposant en ce jour après avoir consommé son ouvrage. Ce jour pourtant ne fut point sanctifié par le silence. La harpe ne resta point suspendue dans l'inaction. La flûte grave, le tympanon, les orgues mélodieuses, et toutes sortes d'instruments, soit à cordes, soit à fils d'or, formèrent un concert relevé de voix en partie ou à l'unisson; des nuages d'encens cachèrent la sainte montagne. Ils chantèrent la création et l'œuvre des six jours. Tes ouvrages sont grands, Jehova, ton pouvoir est infini; quelle pensée peut te mesurer? Ou quelle langue peut exprimer ta grandeur? Elle éclate encore plus dans la création que tu viens de faire, que dans la destruction des esprits audacieux. Tes tonnerres montrent en ce jour ta force, mais il est plus grand de créer que de détruire. Puissant roi, rien ne peut borner ton empire absolu: qui oserait te le disputer? Tu as réprimé l'attentat orgueilleux, et les vains projets des esprits apostats. Ils voulaient t'abattre, mais en te refusant l'hommage qui t'est dû, ils ont prouvé leur folie et fait briller ta puissance. De la malice même tu sais tirer le bien : ce monde nouveau en sera l'éternel témoignage. Nous y découvrons un autre paradis situé près de la porte du Ciel; ses fondements ont été posés sur le cristal des airs. Son étendue presque immense, contient des astres sans nombre, dont chacun sera peut-être quelque jour un monde habité, mais tu sais leur destination, tes yeux considèrent surtout la terre que tes enfants doivent habiter. O trois fois heureux les hommes que Dieu a créés à son image pour demeurer au monde et adorer sa divinité; mais aussi pour dominer en récompense sur tous ses oues, tant sur la terre, que dans la mer et l'air, et pour multiplier une race d'ado-rs saints et justes. O trois fois heureux connaissent leur bonheur et s'ils persé-nt dans l'obéissance. Ils chantèrent de la , et l'empyrée retentit des cantiques de Ainsi fut observé le Sabat. Telle est l'ori-de tout ce qui a été créé avant toi : ins-s-en ta postérité. Vois à présent si j'ai pli ton attente, et si tu veux savoir quel-autre chose qui n'excède pas la portée de e tu n'as qu'a parler.

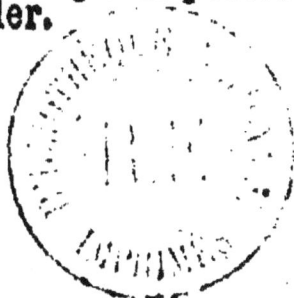

FIN DU LIVRE SEPTIÈME

TABLE

Arras.— Imprimerie Nouvelle (association ouvrière); 11, rue Cadet.
A. Mangeot, directeur. — 676-33.

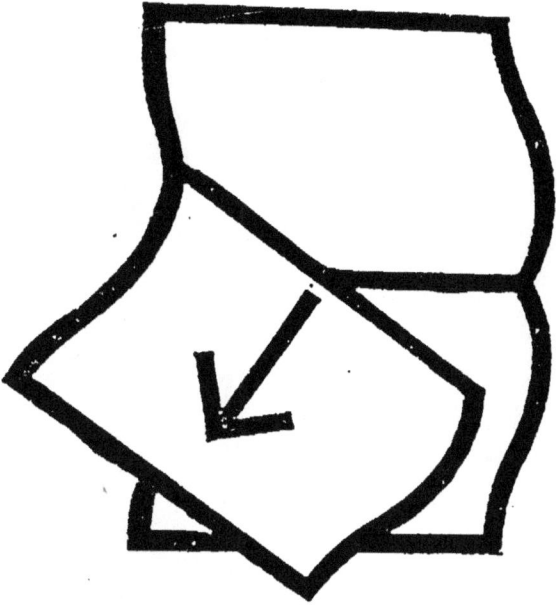

Documents manquants (pages, cahiers...)

NF Z 43-120-13

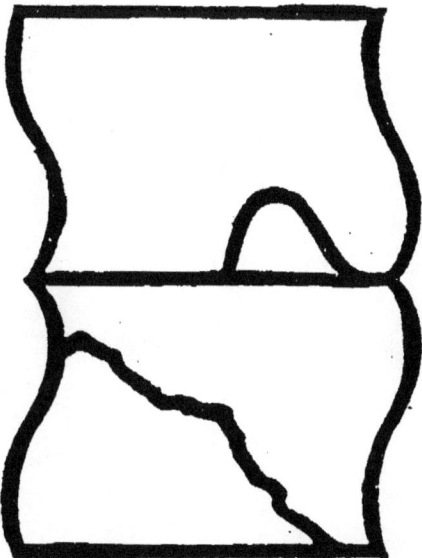

Texte détérioré — reliure défectueuse

NF Z 43-120-11

www.ingramcontent.com/pod-product-compliance
Lightning Source LLC
Chambersburg PA
CBHW070407090426
42733CB00009B/1567